O LIVRO DO CHÁ

COLEÇÃO DUETOS

KAZUKO OKAKURA

1863 - 1913

1906

Traduzido por Sheila B. Koerich

CAPÍTULO I
A XÍCARA DA HUMANIDADE

O chá começou como um remédio e cresceu até se tornar uma bebida. Na China, no século VIII, entrou no reino da poesia como uma das diversões educadas. O século XV viu o Japão enobrecê-lo numa religião de esteticismo-Tealismo. O Teaism é um culto fundado na adoração do belo entre os fatos sórdidos da existência cotidiana. Inculca a pureza e a harmonia, o mistério da caridade mútua, o romantismo da ordem social. É essencialmente um culto ao Imperfeito, pois é uma tentativa terna de realizar algo possível nesta coisa impossível que conhecemos como vida.

A Filosofia do Chá não é mero esteticismo na aceitação ordinária do termo, pois exprime, em conjunto com a ética e a religião, todo o nosso ponto de vista sobre o homem e a natureza. É higiene, pois impõe a limpeza; é economia, pois mostra conforto na simplicidade e não no complexo e dispendioso; é geometria moral, na medida em que define o nosso sentido de proporção ao universo. Representa o verdadeiro espírito da democracia oriental ao tornar todos os seus eleitores aristocratas de gosto.

O longo isolamento do Japão do resto do mundo, tão propício à introspecção, tem sido altamente favorável ao desenvolvimento do Teaismo. A nossa casa e os nossos hábitos, o traje e a nossa cozinha, a porcelana, a laca, a pintura - a nossa própria literatura - têm estado sujeitos à sua influência. Nenhum estudante da cultura japonesa poderia jamais ignorar a sua presença. Ela permeou a elegância dos grandes nobres, e entrou na morada dos humildes.

Os nossos camponeses aprenderam a arranjar flores, o nosso trabalhador mais malvado para oferecer a sua saudação às rochas e às águas. Em nossa linguagem comum falamos do homem "sem chá" nele, quando ele é insusceptível aos interesses serio-cômicos do drama pessoal. Mais uma vez estigmatizamos o esteta indomado que, independentemente da tragédia mundana, se revolta na primavera das emoções emancipadas, como um "com muito chá" dentro dele.

O forasteiro pode, de fato, ficar admirado com o barulho que parece não ser nada. Que tempestade em uma xícara de chá! dirá ele. Mas quando consideramos o quão pequena é afinal a xícara de prazer humano, quão logo transbordou de lágrimas, quão facilmente drenada para as escórias em nossa sede desencantada de infinito, não nos culparemos por fazer tanto da xícara de chá. A humanidade tem feito pior. No culto a Baco, sacrificamo-nos demasiado livremente; e até transfiguramos a imagem sangrenta de Marte. Por que não nos consagrarmos à rainha das Camélias, e deleitarmo-nos com a corrente quente de simpatia que corre do seu altar? No âmbar líquido dentro do marfim-porcelana, o iniciado pode tocar a doce reticência de Confúcio, o picante de Laos e o aroma etéreo do próprio Sakyamuni.

Aqueles que não podem sentir a pequenez das grandes coisas em si mesmos são capazes de ignorar a grandeza das pequenas coisas nos outros. O ocidental médio, na sua elegante complacência, verá na cerimônia do chá apenas mais um exemplo das mil e uma curiosidades que constituem para ele a quimera e a infantilidade do Oriente. Ele costumava considerar o Japão bárbaro enquanto ela se entregava às artes suaves da paz: ele a chama de civilizada desde que ela começou a cometer massacres em massa nos campos de batalha manchurianos. Ultimamente, muito se tem comentado o Código dos Samurais, a Arte da Morte que faz os nossos soldados exultarem em auto-sacrifício; mas quase não se tem chamado a atenção para o Teaismo, que representa tanto da nossa

Arte da Vida. Desmaiaríamos, se a nossa pretensão de civilização se baseasse na horrível glória da guerra. Desmaiaríamos se esperássemos o tempo em que se respeitará a nossa arte e os nossos ideais.

Quando irá o Ocidente compreender, ou tentar compreender, o Oriente? Nós, asiáticos, ficamos muitas vezes horrorizados com a curiosa teia de fatos e fantasias que tem sido tecida a nosso respeito. Somos retratados como vivendo sobre o perfume do lótus, se não sobre ratos e baratas. Ou é um fanatismo impotente ou uma voluptuosidade atroz. A espiritualidade indiana tem sido ridicularizada como ignorância, a sobriedade chinesa como estupidez, o patriotismo japonês como resultado do fatalismo. Tem-se dito que somos menos sensíveis à dor e às feridas, devido à insensibilidade da nossa organização nervosa!

Por que não se divertem à nossa custa? A Ásia retribui o elogio. Haveria mais alimento para a alegria se soubessem tudo o que temos imaginado e escrito a vosso respeito. Todo o glamour da perspectiva está lá, toda a homenagem inconsciente do espanto, todo o ressentimento silencioso do novo e indefinido. O senhor foi carregado de virtudes demasiado refinadas para serem invejadas, e acusado de crimes demasiado pitorescos para serem condenados. Os nossos escritores no passado - os sábios que sabiam - informaram-nos de que tinhas caudas peludas de arbusto algures escondidas nas tuas vestes, e muitas vezes jantavam de um fricassé de recém-nascidos! Não, nós tínhamos algo pior contra ti: costumávamos pensar que eras a pessoa mais impraticável do mundo, pois diziam-te que pregavas o que nunca praticavas.

Tais ideias erradas estão a desaparecer rapidamente entre nós. O comércio forçou as línguas europeias em muitos portos do Leste. Os jovens asiáticos estão a afluir aos colégios ocidentais para o equipamento da educação moderna. A nossa visão não penetra profundamente na sua cultura, mas, pelo menos, estamos dispostos a aprender. Alguns dos meus compatriotas adotaram demasiados dos vossos costumes e demasiada etiqueta, na ilusão de que a aquisição de colarinhos rígidos e chapéus de seda altos constituía a realização da vossa civilização. Por muito patéticas e deploráveis que sejam essas afeições, elas revelam a nossa vontade de nos aproximarmos do Ocidente de joelhos. Infelizmente, a atitude ocidental é desfavorável à compreensão do Oriente. O missionário cristão vai para transmitir, mas não para receber. A sua informação baseia-se nas magras traduções da nossa imensa literatura, se não nas anedotas pouco fiáveis dos viajantes que passam. Raramente a caneta cavalheiresca de um Lafcadio Hearn ou a do autor de "A Teia da Vida Indiana" anima as trevas orientais com a tocha dos nossos próprios sentimentos.

Talvez eu traia a minha própria ignorância sobre o Culto do Chá por ser tão franco. O seu próprio espírito de cortesia exala que se diz o que se espera que se diga, e não mais. Mas eu não devo ser um polido Cháista. Já foi feito tanto mal pelo mal-entendido mútuo entre o Novo Mundo e o Velho, que não é preciso pedir desculpa por contribuir com o seu dízimo para a promoção de uma melhor compreensão. O início do século XX teria sido poupado ao espetáculo da guerra sanguinária se a Rússia tivesse condescendido em conhecer melhor o Japão. Que consequências terríveis para a humanidade é o desrespeito pelos problemas orientais! O imperialismo europeu, que não desdenha levantar o grito absurdo do Perigo Amarelo, não compreende que a Ásia também pode despertar para o sentido cruel do Desastre Branco. Pode rir-se de nós por termos "demasiado chá", mas será que não podemos suspeitar que o Ocidente não tem "nenhum chá" na sua Constituição?

Vamos impedir que os continentes atirem epigramas uns contra os outros, e sejamos mais tristes, senão mais sábios, pelo ganho mútuo de meio hemisfério. Desenvolvemo-nos segundo linhas diferentes, mas não há razão para que um não deva complementar o outro. Conseguimos a expansão à custa da inquietação; estabelecemos uma harmonia que é fraca contra a agressão. Acreditarão? - o Leste está melhor em alguns aspectos do que o Ocidente!

Estranhamente, a humanidade já se encontrou, até agora, na xícara de chá. É o único cerimonial asiático que merece a estima universal. O homem branco escarneceu da nossa religião e da nossa moral, mas aceitou a bebida castanha sem hesitação. O chá da tarde é agora uma função importante na sociedade ocidental. No delicado barulho dos tabuleiros e pires, no suave barulho da hospitalidade feminina, no catecismo comum sobre natas e açúcar, sabemos que o Culto do Chá se estabelece sem dúvida. A resignação filosófica do convidado ao destino que o espera na duvidosa declamação proclama que, nesta única instância, o espírito oriental reina supremo.

O mais antigo registro da escrita europeia sobre o chá encontra-se na declaração de um viajante árabe, segundo a qual, após o ano de 879, as principais fontes de receita em Cantão foram os direitos sobre o sal e o chá. Marco Polo regista a deposição de um ministro das Finanças chinês em 1285, pelo aumento arbitrário dos impostos sobre o chá. Foi no período das grandes descobertas que o povo europeu começou a saber mais sobre o Oriente extremo. No final do século XVI, os holandeses trouxeram a notícia de que uma bebida agradável era feita no Oriente a partir das folhas de um arbusto. Os viajantes Giovanni Batista Ramusio (1559), L. Almeida (1576), Maffeno (1588), Tareira (1610), também mencionaram o chá. No último ano, os navios da companhia holandesa East India Company trouxeram o primeiro chá para a Europa. Era conhecido na França em 1636, e chegou à Rússia em 1638. A Inglaterra recebeu-o em 1650 e falou dele como "aquela bebida excelente e por todos os médicos aprovados pela China, chamada pelos chineses Tcha, e por outras nações Tay, alias Tee".

Como todas as coisas boas do mundo, a propaganda do Chá encontrou oposição. Hereges como Henry Saville (1678) denunciaram bebê-lo como um costume imundo. Jonas Hanway (Ensaio sobre o Chá, 1756) disse que os homens pareciam perder a sua estatura e beleza, as mulheres a sua beleza através do uso do chá. O seu custo no início (cerca de quinze ou dezasseis xelins por libra) proibia o consumo popular, e fazia-o "regalia para tratamentos e divertimentos elevados, presentes sendo feitos a príncipes e nobres". No entanto, apesar de tais inconvenientes, a bebida do chá espalhou-se com uma rapidez maravilhosa. As casas de café de Londres, no início da metade do século XVIII, tornaram-se, de fato, casas de chá, o resort de espertos como Addison e Steele, que se enganaram sobre seu "prato de chá". A bebida logo se tornou uma necessidade da vida - uma matéria tributável. A este respeito, lembramo-nos do papel importante que desempenha na história moderna. A América Colonial resignou-se à opressão até que a resistência humana cedeu antes dos pesados deveres impostos ao chá. A independência americana data do lançamento de baús de chá no porto de Boston.

Há um encanto sutil no sabor do chá que o torna irresistível e capaz de idealização. Os humoristas ocidentais não foram lentos em misturar o aroma do seu pensamento com o seu aroma. Não tem a arrogância do vinho, a autoconsciência do café, nem a inocência simpática do cacau. Já em 1711, diz o Espectador: "Eu recomendaria, portanto, de uma forma particular, estas minhas especulações a todas as famílias bem regulamentadas, que se separam uma hora todas as manhãs para o chá, o pão e a manteiga; e as aconselharia sinceramente para o seu bem, a encomendar este papel para ser servido pontualmente e para ser visto como parte do equipamento de chá." Samuel Johnson faz o seu próprio retrato como "um bebedor de chá endurecido e sem vergonha, que durante vinte anos diluiu as suas refeições apenas com a infusão da fascinante planta; que com o chá se divertiu à noite, com o chá libertado à meia-noite, e com o chá acolheu a manhã".

Charles Lamb, um devoto professo, soou a verdadeira nota do

Teaism quando escreveu que o maior prazer que ele sabia era fazer uma boa ação à socapa, e tê-la descoberta por acaso. Pois o Teaismo é a arte de esconder a beleza que se pode descobrir, de sugerir o que não se ousa revelar. É o nobre segredo de se rir de si mesmo, calmamente mas profundamente, e é assim o próprio humor, - o sorriso da filosofia. Todos os verdadeiros humoristas podem, neste sentido, ser chamados de "tea-philosophers", Thackeray, por exemplo, e, claro, Shakespeare. Os poetas da Decadência (quando é que o mundo não estava em decadência?), nos seus protestos contra o materialismo, também abriram, em certa medida, o caminho ao Teaismo. Talvez hoje em dia seja a nossa contemplação demoníaca do Imperfeito que o Ocidente e o Oriente se possam encontrar em consolo mútuo.

Os Taoistas relatam que, no grande início do Não Começo, o Espírito e a Matéria se encontraram em combate mortal. Finalmente, o Imperador Amarelo, o Sol do Céu, triunfou sobre Shuhyung, o demônio das trevas e da terra. O Titã, na sua agonia de morte, bateu com a cabeça contra a abóbada solar e estremeceu a cúpula azul de jade em fragmentos. As estrelas perderam os seus ninhos, a lua vagou sem rumo entre os abismos selvagens da noite. Em desespero, o Imperador Amarelo procurou longe e largo para o reparador dos Céus. Ele não teve que procurar em vão. Do mar oriental surgiu uma rainha, a divina Niuka, coroa de chifres e cauda de dragão, resplandecente na sua armadura de fogo. Ela soldou o arco-íris de cinco cores no seu caldeirão mágico e reconstruiu o céu chinês. Mas é dito que Niuka esqueceu de preencher duas pequenas fendas no firmamento azul. Assim começou o dualismo do amor - duas almas rolando pelo espaço e nunca em repouso até que se uniram para completar o universo. Todos têm de construir de novo o seu céu de esperança e paz.

O céu da humanidade moderna está de fato estilhaçado na luta ciclópica pela riqueza e poder. O mundo está tateando na sombra do egoísmo e da vulgaridade. O conhecimento é comprado através de uma má consciência, a benevolência praticada em nome da utilidade. O Oriente e o Ocidente, como dois dragões atirados para um mar de fermento, em vão lutam para recuperar a joia da vida. Precisamos novamente de um Niuka para reparar a grande devastação; aguardamos o grande Avatar. Entretanto, vamos tomar um gole de chá. O brilho da tarde ilumina os bambus, as fontes fervilham de prazer, o sussurro dos pinheiros ouve-se na nossa chaleira. Sonhemos com a evanescência, e permaneçamos na bela loucura das coisas.

CAPÍTULO II
AS ESCOLAS DE CHÁ

O chá é uma obra de arte e precisa de uma mão mestra para fazer sobressair as suas qualidades mais nobres. Temos bons e maus chás, como temos bons e maus quadros - em geral estes últimos. Não há uma receita única para fazer o chá perfeito, pois não há regras para produzir um Ticiano ou uma Sesson. Cada preparação das folhas tem a sua individualidade, a sua afinidade especial com a água e o calor, o seu próprio método de contar uma história. O verdadeiramente belo deve estar sempre nele. Quanto não sofremos com o constante fracasso da sociedade em reconhecer esta lei simples e fundamental da arte e da vida; Lichilai, um poeta Sung, comentou tristemente que havia três coisas mais deploráveis no mundo: o estrago dos jovens através da falsa educação, a degradação das belas artes através da admiração vulgar e o desperdício total de chá fino através da manipulação incompetente.

Tal como a arte, o chá tem os seus períodos e as suas escolas. A sua evolução pode ser dividida em três fases principais: o Chá Cozido, o Chá Chicoteado e o Chá Escaldado. Nós, os moderados, pertencemos à última escola. Estes vários métodos de apreciação da bebida são indicativos do espírito da época em que ela prevaleceu. Pois a vida é uma expressão, as nossas ações inconscientes a constante traição do nosso pensamento mais íntimo. Confúcio dizia que "o homem não se esconde". Talvez nos revelemos demasiado em pequenas coisas porque temos tão pouco dos grandes para esconder. Os pequenos incidentes da rotina diária são tanto um comentário de ideais raciais como o mais alto voo da filosofia ou da poesia. Mesmo que a diferença na vindima favorita marque as idiossincrasias distintas dos diferentes períodos e nacionalidades da Europa, os ideais do chá caracterizam os vários estados de espírito da cultura oriental. O Chá de Bolo que foi cozido, o Chá em Pó que foi chicoteado, o Chá de Folha que foi mergulhado, marcam os distintos impulsos emocionais das dinastias Tang, Sung, e Ming da China. Se tivéssemos tendência para pedir emprestada a tão abusada terminologia da classificação artística, poderíamos designá-los, respectivamente, o Clássico, o Romântico e as escolas naturalistas do Chá.

A planta do chá, nativa do sul da China, era conhecida desde muito cedo pela botânica e medicina chinesas. É aludida nos clássicos sob os vários nomes de Tou, Tseh, Chung, Kha, e Ming, e foi muito apreciada por possuir as virtudes de aliviar a fadiga, deleitar a alma, fortalecer a vontade, e reparar a visão. Não foi administrado apenas como uma dose interna, mas muitas vezes aplicado externamente em forma de pasta para aliviar as dores reumáticas. Os Taoistas afirmaram que era um ingrediente importante do elixir da imortalidade. Os budistas usaram-no extensivamente para prevenir sonolência durante as suas longas horas de meditação.

Nos séculos IV e V o chá tornou-se uma bebida favorita entre os habitantes do vale Yangtse-Kiang. Foi nesta época que o ideógrafo moderno Chá foi cunhado, evidentemente uma corrupção do clássico Tou. Os poetas das dinastias do sul deixaram alguns fragmentos da sua fervorosa adoração à "espuma do jade líquido". Então, os imperadores costumavam dar alguma preparação rara das folhas aos seus altos ministros como recompensa por serviços eminentes. No entanto, o método de beber chá nesta fase era primitivo no extremo. As folhas eram cozidas a vapor, esmagadas num almofariz, transformadas num bolo e cozidas juntamente com arroz, gengibre, sal, casca de laranja, especiarias, leite e, por vezes, com cebola! O costume obtém-se hoje em dia entre os tibetanos e várias tribos mongóis, que fazem um xarope curioso destes ingredientes. O uso de fatias de limão pelos russos, que aprenderam a tomar chá das caravanas chinesas, aponta para a sobrevivência do método antigo.

Era necessário o gênio da dinastia Tang para emancipar o chá do seu estado bruto e levar à sua idealização final. Com Luwuh, em meados do século oitavo, temos o nosso primeiro apóstolo do chá. Ele nasceu numa época em que o budismo, o taoismo e o confucionismo procuravam uma síntese mútua. O simbolismo panteísta da época exortava-nos a espelhar o Universal no Particular. Luwuh, um poeta, viu no Serviço do Chá a mesma harmonia e ordem que reinava em todas as coisas. Na sua célebre obra, o "Chaking" (A Sagrada Escritura do Chá), formulou o Código do Chá. Desde então ele tem sido adorado como o deus tutelar dos comerciantes de chá chineses.

O "Chaking" consiste em três volumes e dez capítulos. No primeiro capítulo Luwuh trata da natureza da planta do chá, no segundo das alfaias para recolher as folhas, no terceiro da seleção das folhas. Segundo ele a melhor qualidade das folhas deve ter "pregas como a bota de couro dos cavaleiros tártaros, enrolar como a barbela de um poderoso touro, desdobrar-se como uma névoa que sai de um barranco, brilhar como um lago tocado por um zéfiro, e ser molhada e macia como terra fina recém varrida pela chuva".

O quarto capítulo é dedicado à enumeração e descrição dos vinte e quatro membros do equipamento de chá, começando com o braseiro do tripé e terminando com o armário de bambu para conter todos estes utensílios. Aqui notamos a predileção de Luwuh pelo simbolismo taoísta. Também é interessante observar, neste contexto, a influência do chá na cerâmica chinesa. A porcelana celeste, como é bem conhecida, teve a sua origem na tentativa de reproduzir o requintado tom de jade, resultando, na dinastia Tang, no esmalte azul do sul, e no esmalte branco do norte. Luwuh considerava o azul como a cor ideal para a xícara de chá, pois emprestava um verde adicional à bebida, enquanto que o branco o fazia parecer rosado e de mau gosto. Foi por ter usado chá de bolo. Mais tarde, quando os mestres do chá de Sung levaram para o chá em pó, preferiram tigelas pesadas de azul-escuro e castanho escuro. Os Mings, com o seu chá em infusão, regozijavam-se com a louça clara de porcelana branca.

No quinto capítulo Luwuh descreve o método de fazer chá. Elimina todos os ingredientes exceto o sal. Ele também se debruça sobre a muito discutida questão da escolha da água e do seu grau de ebulição. Segundo ele, a nascente da montanha é a melhor, a água do rio e a água da nascente vêm a seguir na ordem da excelência. Há três fases de fervura: a primeira é quando as pequenas bolhas como os olhos dos peixes nadam à superfície; a segunda é quando as bolhas são como contas de cristal rolando numa fonte; a terceira é quando os ramos de bico saltam descontroladamente na chaleira. O Chá de Bolo é assado antes do fogo até se tornar macio como o braço de um bebê e é triturado em pó entre pedaços de papel fino. O sal é colocado na primeira fervura, o chá na segunda. Na terceira fervura, uma chaleira com água fria é derramada para assentar o chá e reanimar a "juventude da água". Em seguida, a bebida é despejada em xícaras e consumida. O néctar! O panfleto filmado pendeu como nuvens escamosas num céu sereno ou flutuou como nenúfares em riachos esmeralda. Foi de tal bebida que Lotung, um poeta Tang, escreveu: "A primeira xícara umedece meus lábios e minha garganta, a segunda xícara quebra minha solidão, a terceira xícara busca minha entranha estéril, mas para encontrar nela cerca de cinco mil volumes de ideografias estranhas". A quarta xícara levanta uma leve transpiração, - todo o mal da vida passa pelos meus poros. Na quinta taça sou purificado; a sexta taça chama-me para os reinos dos imortais. A sétima taça, mas eu não aguentava mais! Só sinto o sopro do vento fresco que se eleva nas minhas mangas. Onde está o Horaisan?

Deixa-me cavalgar nesta doce brisa e ir para lá".

Os restantes capítulos do "Chaking" tratam da vulgaridade dos métodos comuns de beber chá, um resumo histórico dos ilustres bebedores de chá, as famosas plantações de chá da China, as possíveis variações do serviço de chá e as ilustrações dos utensílios de chá. O último, infelizmente, está perdido.

O aparecimento do "Chaking" deve ter criado uma sensação considerável na altura. Luwuh foi amigo do Imperador Taisung (763-779), e a sua fama atraiu muitos seguidores. Dizia-se que alguns requintes foram capazes de detectar o chá feito por Luwuh a partir do dos seus discípulos. Um mandarim tem o seu nome imortalizado pela sua incapacidade de apreciar o chá deste grande mestre.

Na dinastia Sung, o chá chicote entrou na moda e criou a segunda escola de chá. As folhas eram moídas em pó fino num pequeno moinho de pedra, e a preparação era batida em água quente por um delicado batedor feito de bambu fendido. O novo processo levou a alguma mudança no equipamento de chá do Luwuh, bem como na escolha das folhas. O sal foi descartado para sempre. O entusiasmo do povo Sung pelo chá não conhecia limites. As experiências vividas em conjunto na descoberta de novas variedades, e torneios regulares eram realizados para decidir a sua superioridade. O Imperador Kiasung (1101-1124), que era um artista demasiado grande para ser um monarca bem-comportado, prodigalizou os seus tesouros para a obtenção de espécies raras. Ele próprio escreveu uma dissertação sobre os vinte tipos de chá, entre os quais ele preza o "chá branco" como sendo da mais rara e fina qualidade.

Os ideais de chá dos Sungs diferem dos Tangs, mesmo quando a sua noção de vida é diferente. Eles procuraram realizar o que os seus antecessores tentaram simbolizar. Para a mente neoconfuciana a lei cósmica não se refletia no mundo fenomenal, mas o mundo fenomenal era a própria lei cósmica. Eons eram apenas momentos-Nirvana sempre ao alcance de todos. A concepção taoísta de que a imortalidade estava na mudança eterna permeava todos os seus modos de pensar. Era o processo, não a escritura, que era interessante. Era o completar, não o concluir, o que era realmente vital. O homem veio, assim, de imediato, cara a cara com a natureza. Um novo sentido cresceu para a arte da vida. O chá começou a não ser um passatempo poético, mas um dos métodos de auto-realização. Wangyucheng elogiou o chá como "inundando sua alma como um apelo direto, que sua delicada amargura o lembrava do gosto residual de um bom conselho". Sotumpa escreveu sobre a força da pureza imaculada do chá que desafiava a corrupção como um homem verdadeiramente virtuoso. Entre os budistas, a seita zen do sul, que incorporou tanto das doutrinas taoístas, formulou um elaborado ritual do chá. Os monges se reuniram diante da imagem de Bodhi Dharma e beberam chá de uma única tigela com a profunda formalidade de um sacramento sagrado. Foi este ritual Zen que finalmente se desenvolveu para a Cerimônia do Chá do Japão, no século XV.

Infelizmente a súbita explosão das tribos mongóis no século XIII, que resultou na devastação e conquista da China sob o domínio bárbaro dos Imperadores Yuen, destruiu todos os frutos da cultura Sung. A dinastia nativa dos Reis que tentou a renacionalização em meados do século XV foi assediada por problemas internos, e a China caiu novamente sob o domínio estrangeiro dos Manchus, no século XVII. Os modos e costumes mudaram para não deixar vestígios dos tempos antigos. O chá em pó está completamente esquecido. Encontramos um comentador Ming perdido para recordar a forma do batedor de chá mencionado num dos clássicos Sung. O chá é agora tomado mergulhando as folhas em água quente numa tigela ou xícara. A razão pela qual o mundo ocidental é inocente do método antigo de beber chá é explicada pelo fato de que a Europa só o conheceu no final da dinastia Ming.

Para os últimos dias, o chá chinês é uma bebida deliciosa, mas não é um ideal. As longas misérias do seu país roubaram-lhe o gosto pelo sentido da vida. Ele tornou-se moderno, ou seja, velho e desencantado. Ele perdeu aquela fé sublime nas ilusões que constituem a eterna juventude e o vigor dos poetas e dos antigos. Ele é um eclético e aceita educadamente as tradições do universo. Ele brinca com a Natureza, mas não condescende em conquistá-la ou adorá-la. Seu chá de folhas é muitas vezes maravilhoso com seu aroma floral, mas o romance dos cerimoniais Tang e Sung não se encontra em sua taça.

O Japão, que seguiu de perto as pegadas da civilização chinesa, conheceu o chá em todas as suas três fases. Já no ano 729 lemos sobre o Imperador Shomu dando chá a cem monges em seu palácio em Nara. As folhas foram provavelmente importadas pelos nossos embaixadores no Tribunal de Tang e preparadas da maneira então em moda. Em 801 o monge Saicho trouxe de volta algumas sementes e plantou-as em Yeisan. Ouvem-se falar de muitos infantários nos séculos seguintes, bem como do deleite da aristocracia e do sacerdócio na bebida. O chá Sung chegou até nós em 1191 com o retorno de Yeisai-zenji, que foi para lá para estudar a escola Zen do sul. As novas sementes que ele levou para casa foram plantadas com sucesso em três lugares, um dos quais, o distrito de Uji perto de Kioto, ainda leva a fama de produzir o melhor chá do mundo. O Zen do sul espalhou-se com uma rapidez maravilhosa, e com ele o chá-ritual e o chá-ideal do Sung. No século XV, sob o patrocínio do Shogun, Ashikaga-Voshinasa, a cerimônia do chá é totalmente constituída e transformada em uma performance independente e secular. Desde então, o Teaism está plenamente estabelecido no Japão. O uso do chá em infusão da China posterior é relativamente recente entre nós, sendo apenas conhecido desde meados do século XVII. Ele substituiu o chá em pó no consumo comum, embora este último ainda continue a ocupar o seu lugar como o chá de chás.

É na cerimônia do chá japonês que vemos o culminar dos chás-ideais. A nossa bem sucedida resistência à invasão mongol em 1281 permitiu-nos prosseguir o movimento Sung tão desastrosamente cortado na própria China através da estrada do nômade. O chá conosco tornou-se mais do que uma idealização da forma de beber; ele é uma religião da arte da vida. A bebida cresceu para ser uma desculpa para o culto da pureza e do refinamento, uma função sagrada em que o anfitrião e o convidado se juntaram para produzir para aquela ocasião a maior beatitude do mundo. A sala de chá era um oásis no monótono desperdício da existência onde viajantes cansados se podiam encontrar para beber da fonte comum da arte-apreciação. A cerimônia foi um drama improvisado, cuja trama foi tecida sobre o chá, as flores e os quadros. Nem uma cor para perturbar o tom da sala, nem um som para martelar o ritmo das coisas, nem um gesto para se opor à harmonia, nem uma palavra para quebrar a unidade do ambiente, todos os movimentos a serem realizados de forma simples e natural - tais eram os objetivos da cerimônia do chá. E, por estranho que pareça, foi muitas vezes bem sucedida. Uma filosofia sutil estava por trás de tudo isso. O Teaism era o Taoísmo disfarçado.

CAPÍTULO III
TAOÍSMO E ZENISMO

A ligação do Zenismo com o chá é proverbial. Já observamos que a cerimônia do chá foi um desenvolvimento do ritual Zen. O nome de Laotse, o fundador do Taoismo, também está intimamente associado com a história do chá. Está escrito no manual da escola chinesa sobre a origem dos hábitos e costumes que a cerimônia de oferecer chá a um convidado começou com Kwanyin, um conhecido discípulo de Laotse, que primeiro no portão do Passe de Han apresentou ao "Velho Filósofo" uma xícara do elixir dourado. Não vamos parar para discutir a autenticidade de tais contos, que são valiosos, no entanto, como confirmação do uso precoce da bebida pelos taoistas. O nosso interesse pelo Taoismo e pelo Zenismo aqui reside principalmente naquelas ideias sobre a vida e a arte que estão tão consubstanciadas naquilo a que chamamos Teaism.

É de lamentar que ainda não pareça haver uma apresentação adequada das doutrinas taoistas e zen em qualquer língua estrangeira, embora tenhamos tido várias tentativas louváveis.

A tradução é sempre uma traição e, como observa um autor Ming, pode, no seu melhor, ser apenas o reverso de um brocado, - todos os fios estão lá, mas não a sutileza da cor ou do design. Mas, afinal de contas, que grande doutrina existe e que é fácil de expor? Os antigos sábios nunca colocam os seus ensinamentos de forma sistemática. Eles falavam em paradoxos, pois tinham medo de proferir meias verdades. Começaram por falar como tolos e terminaram por tornar os seus ouvintes sábios. O próprio Laotse, com seu humor pitoresco, diz: "Se pessoas de inteligência inferior ouvem falar do Tao, riem imensamente". Não seria o Tao, a menos que se rissem dele".

O Tao significa literalmente um Caminho. Tem sido traduzido várias vezes como o Caminho, o Absoluto, a Lei, a Natureza, a Razão Suprema, o Modo. Estes termos não são incorretos, pois o uso do termo pelos Taoistas difere de acordo com o assunto do inquérito. O próprio Laotse falou disso assim: "Há uma coisa que contem tudo, que nasceu antes da existência do Céu e da Terra. Que silêncio! Que solitário! Está sozinho e não muda. Ela gira sem perigo para si mesma e é a mãe do universo. Não sei o seu nome e por isso lhe chamo o Caminho. Com relutância, chamo-lhe o Infinito. O Infinito é a Frota, a Frota é o Desaparecer, o Desaparecer é o Reverter". O Tao está na Passagem e não no Caminho. É o espírito da Mudança Cósmica, o crescimento eterno que regressa para produzir novas formas. Ele retrocede sobre si mesmo como o dragão, o símbolo amado dos Taoistas. Ele se dobra e se desdobra, assim como as nuvens. O Tao pode ser falado como a Grande Transição. Subjetivamente, é o humor do Universo. O seu Absoluto é o Relativo.

Deve ser lembrado em primeiro lugar que o Taoismo, tal como o seu legítimo sucessor o Zenismo, representa a tendência individualista da mente do Sul da China em contra-distinção com o comunismo do Norte da China que se expressou no Confucionismo. O Reino do Meio é tão vasto como a Europa e tem uma diferenciação de idiossincrasias marcada pelos dois grandes sistemas fluviais que o atravessam. O Yangtse-Kiang e o Hoang-Ho são, respectivamente, o Mediterrâneo e o Báltico. Ainda hoje, apesar de séculos de unificação, o Celestial do Sul difere nos seus pensamentos e crenças do seu irmão do Norte, enquanto membro da raça latina, do Teutão. Nos tempos antigos, quando a comunicação era ainda mais difícil do que atualmente, e especialmente durante o período feudal, essa diferença de pensamento era mais pronunciada. A arte e a poesia de um respira uma atmosfera totalmente distinta da do outro. Em Laotse e seus seguidores e em Kutsugen, o precursor dos poetas da natureza Yangtse-Kiang, encontramos um idealismo bastante inconsistente com as noções éticas prosaicas dos seus escritores contemporâneos do norte. Laotse viveu cinco séculos antes da Era Cristã.

O germe da especulação taoista pode ser encontrado muito antes do advento de Laotse, com o apelido de Long-Eared. Os registros arcaicos da China, especialmente o Livro das Mudanças, prefiguram o seu pensamento. Mas o grande respeito que foi prestado às leis e costumes desse período clássico da civilização chinesa que culminou com o estabelecimento da dinastia Chow no século XVI a.C., manteve o desenvolvimento do individualismo sob controle por muito tempo, de modo que só depois da desintegração da dinastia Chow e do estabelecimento de inúmeros reinos independentes é que ela foi capaz de florescer no luxo do pensamento livre. Laotse e Soshi (Chuangtse) eram ambos sulistas e os maiores expoentes da Nova Escola. Por outro lado, Confúcio, com os seus numerosos discípulos, tinha como objetivo manter as convenções ancestrais. O Taoismo não pode ser compreendido sem algum conhecimento do Confucionismo e vice versa.

Nós dissemos que o Absoluto Taoista era o Relativo. Na ética, o Taoista violou as leis e os códigos morais da sociedade, pois para eles o certo e o errado eram apenas termos relativos. A definição é sempre limitação - "fixo" e "imutável" são apenas termos expressivos de uma paragem do crescimento. disse Kuzugen,- "Os sábios movem o mundo". Os nossos padrões de moralidade são gerados pelas necessidades passadas da sociedade, mas será que a sociedade deve permanecer sempre a mesma? A observância das tradições comunitárias implica um sacrifício constante do indivíduo para com o Estado. A educação, a fim de manter a poderosa ilusão, encoraja uma espécie de ignorância. As pessoas não são ensinadas a ser realmente virtuosas, mas a comportarse adequadamente. Somos perversos porque temos uma auto-consciência assustadora. Amaciamos a consciência porque temos medo de dizer a verdade aos outros; refugiamo-nos no orgulho porque temos medo de dizer a verdade a nós próprios. Como se pode ser sério com o mundo, quando o próprio mundo é tão ridículo! O espírito de troca está em todo o lado. Honra e castidade! Eis o vendedor complacente que vende o Bom e o Verdadeiro. Até se pode comprar a chamada Religião, que na realidade não é senão uma moralidade comum santificada com flores e música. Roubar a Igreja dos seus acessórios e o que fica para trás? No entanto, a confiança prospera maravilhosamente, pois os preços são absurdamente baratos, - uma oração por um bilhete para o céu, um diploma para uma cidadania honrada. Esconda-se rapidamente debaixo de um alqueire, pois se a sua verdadeira utilidade fosse conhecida pelo mundo, em breve seria derrubado pelo leiloeiro público ao licitador que fizesse a oferta mais alta. Porque é que os homens e as mulheres gostam tanto de se publicitar a si próprios? Não será apenas um instinto derivado dos dias da escravatura?

A virilidade da ideia não reside menos no seu poder de quebrar o pensamento contemporâneo do que na sua capacidade de dominar os movimentos subsequentes. O taoismo foi um poder ativo durante a dinastia Shin, aquela época da unificação chinesa da qual derivamos o nome China. Seria interessante se tivéssemos tido tempo de notar a sua influência nos pensadores contemporâneos, nos matemáticos, nos escritores sobre direito e guerra, nos místicos e alquimistas e nos posteriores poetas da natureza do Yangtse-Kiang. Não devemos sequer ignorar aqueles especuladores da Realidade que duvidavam que um cavalo branco fosse real porque era branco, ou porque era sólido, nem os conversacionistas das Seis dinastias que, como os filósofos Zen, se divertiam nas discussões sobre o Puro e o Abstrato. Acima de tudo, devemos prestar homenagem ao Taoismo pelo que ele fez para a formação do caráter Celestial, dando-lhe uma certa capacidade de reserva e refinamento tão "quente como o jade". A história chinesa está cheia de exemplos em que os eleitores do Taoismo, tanto príncipes como eremitas, seguiram com resultados variados e interessantes os ensinamentos do seu credo. O conto não ficará sem a sua quota de instrução e diversão. Será rico em anedotas, alegorias e aforismos. Desmaiaremos em termos de falar com o delicioso imperador que nunca morreu por nunca ter vivido. Podemos cavalgar o vento com Liehtse e achá-lo absolutamente calmo porque nós mesmos somos o vento, ou morar no meio do ar com o ancião do Hoang-Ho, que viveu entre o Céu e a Terra porque ele não estava sujeito a um nem ao outro. Mesmo nessa grotesca apologia do taoismo que encontramos na China nos dias de hoje, podemos nos divertir com uma riqueza de imagens impossível de encontrar em qualquer outro culto.

Mas a principal contribuição do Taoísmo para a vida asiática tem sido no domínio da estética. Os historiadores chineses sempre falaram do Taoismo como a "arte de estar no mundo", pois ele lida com o presente - consigo mesmo. É em nós que Deus se encontra com a Natureza, e ontem partes de amanhã. O Presente é o Infinito em movimento, a esfera legítima do Relativo. A Relatividade procura o Ajuste; o Ajuste é a Arte. A arte da vida reside num constante reajustamento ao nosso redor. O Taoismo aceita o mundano como ele é e, ao contrário dos Confucionistas ou dos Budistas, tenta encontrar beleza no nosso mundo de tristeza e preocupação. A alegoria cantada dos Três Provadores de Vinagre explica admiravelmente a tendência das três doutrinas. Sakyamuni, Confúcio e Laotse uma vez estiveram diante de um frasco de vinagre - o emblema da vida - e cada um mergulhou no seu dedo para provar a poção. O Confúcio achou-a azeda, o Buda chamou-lhe amarga, e o Laotse pronunciou-a doce.

Os taoistas afirmaram que a comédia da vida poderia tornar-se mais interessante se todos preservassem as unidades. Manter a proporção das coisas e dar lugar aos outros sem perder a sua própria posição era o segredo do sucesso no drama mundano. Temos de conhecer a peça na sua totalidade para podermos fazer bem as nossas partes; a concepção de totalidade nunca se deve perder na do indivíduo. Isto Laotse ilustra com a sua metáfora preferida do Vácuo. Afirmou que só no vácuo é que reside o verdadeiramente essencial. A realidade de uma sala, por exemplo, estava no espaço vazio fechado pelo telhado e pelas paredes, não no telhado e nas paredes propriamente ditas. A utilidade de um cântaro de água residia no vazio onde a água podia ser colocada, não na forma do cântaro ou no material do qual era feita. O vácuo é todo poderoso porque tudo o que o contém. Só no vácuo se torna possível o movimento. Quem pudesse fazer de si mesmo um vácuo no qual outros pudessem entrar livremente, tornar-se-ia dono de todas as situações. O todo pode sempre dominar a parte.

As ideias destes taoistas influenciaram muito todas as nossas teorias de ação, mesmo as de esgrima e luta livre. O jiu-jitsu, a arte japonesa da autodefesa, deve o seu nome a uma passagem do Tao-teking. No jiu-jitsu procura-se extrair e esgotar a força do inimigo pela não-resistência, pelo vácuo, ao mesmo tempo que se conserva a própria força para a vitória na luta final. Na arte, a importância do mesmo princípio é ilustrada pelo valor da sugestão. Ao deixar algo por dizer, o observador tem a oportunidade de completar a ideia e, assim, uma grande obra-prima irresistivelmente desperta a sua atenção até que pareça fazer parte dela. Um vácuo está lá para você entrar e preencher a medida total da sua emoção estética.

Aquele que se tinha feito mestre da arte de viver era o verdadeiro homem do Taoismo. Ao nascer ele entra no reino dos sonhos apenas para despertar para a realidade na morte. Ele tempera o seu próprio brilho a fim de se fundir na obscuridade dos outros. Ele é "relutante, como quem atravessa um riacho no inverno; hesitante, como quem teme a vizinhança; respeitoso, como um convidado; tremendo, como gelo que está prestes a derreter; despretensioso, como um pedaço de madeira ainda não entalhado;

vazio, como um vale; sem forma, como águas turvas". Para ele, as três jóias da vida são: Piedade, Economia e Modéstia.

Se agora virarmos a nossa atenção para o Zenismo, descobriremos que ele enfatiza os ensinamentos do Taoismo. Zen é um nome derivado da palavra sânscrita Dhyana, que significa meditação. Ela afirma que através da meditação consagrada pode ser alcançada a suprema auto-realização. A meditação é uma das seis maneiras pelas quais se pode alcançar o Buda, e os sectários Zen afirmam que Sakyamuni colocou especial ênfase neste método em seus ensinamentos posteriores, entregando as regras ao seu discípulo principal, Kashiapa. De acordo com a sua tradição Kashiapa, o primeiro patriarca Zen, transmitiu o segredo a Ananda, que por sua vez o transmitiu aos sucessivos patriarcas até chegar a Bodhi-Dharma, o vigésimo oitavo. Bodhi-Dharma chegou ao norte da China no início da metade do século VI e foi o primeiro patriarca do Zen chinês. Há muita incerteza sobre a história desses patriarcas e suas doutrinas. No seu aspecto filosófico, o Zenismo precoce parece ter afinidade, por um lado, com o Negativismo indiano de Nagarjuna e, por outro, com a filosofia Gnan formulada por Sancharacharya. O primeiro ensinamento do Zen, tal como o conhecemos hoje em dia, deve ser atribuído ao sexto patriarca chinês Yeno(637-713), fundador do Zen do Sul, assim chamado pelo fato da sua predominância no Sul da China. Ele é seguido de perto pelo grande Baso(morto 788) que fez do Zen uma influência viva na vida celestial. Hiakujo(719-814), o aluno de Baso, primeiro instituiu o mosteiro Zen e estabeleceu um ritual e regulamentos para o seu governo. Nas discussões da escola Zen após o tempo de Baso encontramos o jogo da mente Yangtse-Kiang causando uma adesão de modos de pensamento nativos em contraste com o antigo idealismo indiano. Qualquer que seja o orgulho sectário que se possa afirmar em contrário, não podemos deixar de ficar impressionados com a semelhança do Zen meridional com os ensinamentos dos laocianos e dos taoistas conversadores. No Tao-teking já encontramos alusões à importância da auto-concentração e à necessidade de regular adequadamente os pontos essenciais da respiração na prática da meditação Zen. Alguns dos melhores comentários sobre o Livro de Laotse foram escritos por estudiosos do Zen.

O zenismo, como o taoismo, é a adoração da Relatividade. Um mestre define o Zen como a arte de sentir a estrela polar no céu do sul. A verdade só pode ser alcançada através da compreensão dos opostos. Mais uma vez, o Zenismo, tal como o Taoismo, é um forte defensor do individualismo. Nada é real exceto o que diz respeito ao funcionamento das nossas próprias mentes. Yeno, o sexto patriarca, viu em tempos dois monges a ver a bandeira de um pagode a tremer ao vento. Um disse "é o vento que se move", o outro disse "é a bandeira que se move"; mas Yeno explicou-lhes que o verdadeiro movimento não era nem do vento nem da bandeira, mas de algo dentro das suas próprias mentes. Hiakujo caminhava na floresta com um discípulo quando uma lebre se apressou na sua aproximação. "Porque é que a lebre foge de ti?" perguntou Hiakujo. "Porque ela tem medo de mim", foi a resposta. "Não", disse o mestre, "é porque você tem instinto assassino". O diálogo recorda o de Soshi (Chaungtse), o taoista. Um dia, Soshi estava a caminhar na margem de um rio com um amigo. "Como os peixes se estão a divertir na água!" exclamou Soshi. O seu amigo falou-lhe assim: "Tu não és um peixe; como sabes que os peixes se estão a divertir?" "Tu não és eu", respondeu Soshi; "como sabes que eu não sei que os peixes se estão a divertir"?

O Zen opunha-se frequentemente aos preceitos do budismo ortodoxo, mesmo quando o taoismo se opunha ao confucionismo. Para a visão transcendental do Zen, as palavras eram apenas um incômodo para o pensamento; todo o curso das escrituras budistas apenas comentava a especulação pessoal. Os seguidores do Zen visavam a comunhão direta com a natureza interior das coisas, considerando os seus acessórios exteriores apenas como impedimentos a uma percepção clara da Verdade. Foi este amor pelo

Abstrato que levou os Zen a preferir os esboços a preto e branco às pinturas elaboradas a cores da clássica Escola Budista. Alguns dos Zen até se tornaram iconoclastas como resultado do seu esforço para reconhecer o Buda em si mesmos e não através de imagens e simbolismo. Encontramos Tankawosho a partir uma estátua de Buda em madeira num dia de inverno para fazer uma fogueira. "Que sacrilégio!", disse o espectador horrorizado. "Desejo tirar a Shali das cinzas", voltou calmamente a juntar-se ao Zen. "Mas certamente não vai conseguir tirar a Shali desta imagem!" foi a réplica irada, a que Tanka respondeu: "Se não conseguir, este não é certamente um Buda e não estou a cometer nenhum sacrilégio". Então ele virou-se para se aquecer por causa do fogo amanhecedor.

Uma contribuição especial do Zen para o pensamento oriental foi o seu reconhecimento do mundano como sendo de igual importância com o espiritual. Sustentava que na grande relação das coisas não havia distinção de pequeno e grande, um átomo possuindo possibilidades iguais com o universo. O buscador da perfeição deve descobrir na sua própria vida o reflexo da luz interior. A organização do mosteiro Zen foi muito significativa deste ponto de vista. A todos os membros, exceto ao abade, foi atribuído algum trabalho especial no cuidado do mosteiro, e curiosamente, aos noviços foram atribuídas as tarefas mais leves, enquanto aos monges mais respeitados e avançados foram atribuídas as tarefas mais incômodas e humildes. Tais serviços faziam parte da disciplina Zen e todas as ações devem ser feitas de forma absolutamente perfeita. Assim, muitas discussões foram travadas enquanto se montava o jardim, se aparava um nabo, ou se servia chá. Todo o ideal do Teaism é o resultado desta concepção Zen da grandeza nos mais pequenos incidentes da vida. O Taoismo forneceu a base para os ideais estéticos, o Zenismo tornou-os práticos.

CAPÍTULO IV
A SALA DE CHÁ

Para os arquitetos europeus educados sobre as tradições da construção em pedra e tijolo, o nosso método japonês de construção com madeira e bambu parece pouco digno de ser classificado como arquitetura. É muito recentemente que um estudante competente de arquitetura ocidental reconheceu e prestou homenagem à notável perfeição dos nossos grandes templos. Sendo este o caso da nossa arquitetura clássica, dificilmente poderíamos esperar que o exterior apreciasse a beleza sutil da sala de chá, sendo os seus princípios de construção e decoração totalmente diferentes dos do Ocidente.

A sala de chá (a Sukiya) não pretende ser mais do que uma simples cabana de palha, como lhe chamamos. As ideografias originais para Sukiya significam a Morada da Fantasia. Ultimamente os vários mestres de chá substituíram vários caracteres chineses de acordo com a sua concepção de sala de chá, e o termo Sukiya pode significar a Morada da Vaga ou a Morada do Não Simétrico. É uma Morada de Vaga na medida em que é uma estrutura efémera construída para abrigar um impulso poético. É uma Morada de Vaga na medida em que é desprovida de ornamentação, exceto pelo que nela possa ser colocado para satisfazer alguma necessidade estética do momento. É uma Morada dos Desinteressados na medida em que é consagrada ao culto ao Imperfeito, deixando propositadamente alguma coisa inacabada para que o jogo da imaginação se complete. Os ideais do Teaísmo influenciaram desde o século XVI a nossa arquitetura a tal ponto que o interior ordinário japonês da atualidade, pela extrema simplicidade e castidade do seu esquema de decoração, parece quase estéril para os estrangeiros.

A primeira sala de chá independente foi a criação de Senno-Soyeki, comumente conhecido pelo seu último nome de Rikiu, o maior de todos os mestres de chá, que no século XVI, sob o patrocínio de Taiko-Hideyoshi, instituiu e levou a um alto estado de perfeição as formalidades da Cerimônia do Chá. As proporções da sala de chá tinham sido previamente determinadas por Jowo, um famoso mestre de chá do século XV. A sala de chá do início consistia apenas de uma porção da sala de chá comum dividida por ecrãs para efeitos de recolha do chá. A porção dividida foi chamada de Kakoi (recinto), um nome ainda aplicado às salas de chá que são construídas em uma casa e não são construções independentes. A Sukiya consiste na sala de chá propriamente dita, concebida para acomodar não mais de cinco pessoas, um número sugestivo do ditado "mais do que as Graças e menos do que as Musas", uma ante-sala (midsuya) onde os utensílios de chá são lavados e dispostos antes de serem trazidos, um pórtico (machiai) no qual os convidados esperam até receberem a convocação para entrar na sala de chá, e um caminho de jardim (o roji) que liga o machiai com a sala de chá. A sala de chá é pouco impressionante na aparência. É menor que a mais pequena das casas japonesas, enquanto os materiais utilizados na sua construção se destinam a dar a sugestão de pobreza refinada. No entanto, devemos lembrar que tudo isto é o resultado de uma profunda reflexão artística, e que os detalhes foram trabalhados com cuidado, talvez até maior do que o gasto na construção dos mais ricos palácios e templos. Uma boa sala de chá é mais cara do que uma mansão comum, pois a seleção dos seus materiais, bem como o seu trabalho, exige imenso cuidado e precisão. De fato, os carpinteiros empregados pelos mestres de chá formam uma classe distinta e altamente honrada entre os artesãos, sendo o seu trabalho não menos delicado do que o dos fabricantes de armários de verniz.

A sala de chá não só é diferente de qualquer produção da arquitetura ocidental, mas também contrasta fortemente com a arquitetura clássica do próprio Japão. Os nossos antigos nobres edifícios, sejam eles seculares ou eclesiásticos, não deviam ser desprezados, mesmo no que diz respeito à sua simples dimensão. Os poucos que foram poupados nas conflagrações desastrosas de séculos são ainda capazes de nos assombrar pela grandiosidade e riqueza da sua decoração. Grandes pilares de madeira de dois a três pés de diâmetro e de trinta a quarenta pés de altura, suportados, por uma complicada rede de consolas, pelas enormes vigas que gemiam sob o peso dos telhados cobertos de telhas. O material e o modo de construção, embora fracos contra o fogo, revelaram-se fortes contra os terramotos, e bem adaptados às condições climáticas do país. No Golden Hall de Horiuji e no Pagoda de Yakushiji, temos exemplos notáveis da durabilidade da nossa arquitetura de madeira. Estes edifícios praticamente permaneceram intactos durante quase doze séculos. O interior dos antigos templos e palácios foi profusamente decorado. No templo Hoodo em Uji, datado do século X, podemos ainda ver o elaborado dossel e os baldaquinos dourados, de muitas cores e incrustados com espelhos e madrepérola, bem como restos das pinturas e esculturas que outrora cobriam as paredes. Mais tarde, em Nikko e no castelo Nijo em Quioto, vemos a beleza estrutural sacrificada a uma riqueza de ornamentação que, em cor e detalhe requintado, iguala a máxima maravilha do esforço árabe ou mouro.

A simplicidade e o purismo da sala de chá resultaram da emulação do mosteiro Zen. Um mosteiro Zen difere dos de outras seitas budistas, na medida em que se destina apenas a ser uma habitação para os monges. A sua capela não é um local de culto ou de peregrinação, mas uma sala universitária onde os estudantes se reúnem para a discussão e a prática da meditação. A sala está descoberta, exceto por uma alcova central na qual, atrás do altar, está uma estátua de Bodhi Dharma, o fundador da seita, ou de

Sakyamuni atendida por Kashiapa e Ananda, os dois mais antigos patriarcas Zen. No altar, flores e incenso são oferecidos em memória das grandes contribuições que estes sábios fizeram ao Zen. Já dissemos que foi o ritual instituído pelos monges Zen de beber sucessivamente chá de uma tigela antes da imagem de Bodhi Dharma, que lançou os alicerces da cerimônia do chá. Poderíamos acrescentar aqui que o altar da capela Zen era o protótipo do Tokonoma, - o lugar de honra numa sala japonesa onde são colocadas pinturas e flores para a edificação dos convidados.

Todos os nossos grandes mestres de chá eram estudantes de Zen e tentaram introduzir o espírito do zenismo na atualidade da vida. Assim, a sala, tal como os outros equipamentos da cerimônia do chá, reflete muitas das doutrinas Zen. O tamanho da sala de chá ortodoxa, que é de quatro esteiras e meia, ou três metros quadrados, é determinado por uma passagem no Sutra de Vikramadytia. Nesse interessante trabalho, Vikramadytia acolhe o Santo Manjushiri e oitenta e quatro mil discípulos de Buda numa sala deste tamanho, uma alegoria baseada na teoria da inexistência de espaço para os verdadeiramente iluminados. Novamente o roji, o caminho do jardim que leva do machiai à sala de chá, significou a primeira etapa da meditação,- a passagem para a auto-iluminação. O roji foi concebido para quebrar a ligação com o mundo exterior, e produzir uma sensação de frescor conducente ao pleno gozo do esteticismo na própria sala de chá. Quem percorreu este caminho de jardim não pode deixar de recordar como o seu espírito, ao caminhar no crepúsculo dos sempre-verdes sobre as irregularidades regulares dos degraus, por baixo dos quais se encontravam agulhas secas de pinheiro, e passou ao lado das lanternas de granito cobertas de musgo, se elevou acima dos pensamentos comuns. Pode-se estar no meio de uma cidade e, no entanto, sentir-se como se estivesse na floresta, longe do pó e do barulho da civilização. Grande foi o engenho demonstrado pelos mestres do chá em produzir estes efeitos de serenidade e pureza. A natureza das sensações a serem despertadas ao passar pelos roji diferiu com os diferentes mestres do chá. Alguns, como Rikiu, visavam a solidão total, e afirmavam que o segredo de fazer um roji estava contido no antigo ditado:

> "Eu olho para além;
>
>> As flores não são,
>>
>> Nem folhas tingidas.
>>
>> Na praia do mar
>>
>> Uma casa de campo solitária
>>
>> Na luz minguante
>>
>> De uma véspera de Outono".

Outros, como Kobori-Enshiu, procuraram um efeito diferente. Enshiu disse que a ideia do caminho do jardim se encontrava nos versos seguintes:

> "Um aglomerado de árvores de Verão,
>
>> Um pouco do mar,
>>
>> Uma lua noturna clara".

Não é difícil perceber o seu significado. Ele desejava criar a atitude de uma alma recém-desperta ainda persistente em meio a sonhos sombrios do passado, mas banhando-se na doce inconsciência de uma luz espiritual suave, e anseando pela liberdade que jazia na vastidão do além.

Assim preparado, o convidado se aproximará silenciosamente do santuário e, se um samurai, deixará sua espada no cavalete sob o beiral, sendo a sala de chá preeminentemente a casa da paz. Então ele se curvará e entrará no quarto através de uma pequena porta de não mais de um metro e meio de altura. Este procedimento era da responsabilidade de todos os convidados, tanto altos como baixos, e tinha por objectivo inculcar humildade. Tendo a ordem de precedência sido mutuamente acordada enquanto descansavam no machiai, os convidados um a um entrarão sem ruído e tomarão os seus lugares, fazendo primeiro a reverência à imagem ou arranjo de flores no tokonoma. O anfitrião não entrará na sala até que todos os convidados se tenham sentado e reine o silêncio sem nada para quebrar o silêncio, a não ser a nota da água fervente na chaleira de ferro. A chaleira canta bem, pois os pedaços de ferro estão dispostos no fundo de forma a produzir uma melodia peculiar na qual se pode ouvir os ecos de uma catarata abafada por nuvens, de um mar distante a partir-se entre as rochas, de uma tempestade a varrer uma floresta de bambu, ou do sussurro de pinheiros em alguma colina distante.

Mesmo durante o dia a luz na sala é fraca, pois os beirados baixos do telhado inclinado admitem apenas alguns dos raios solares. Tudo é sóbrio, desde o teto até o chão; os próprios hóspedes escolheram cuidadosamente roupas de cores discretas. A melancolia da idade está acima de tudo, tudo o que sugere que a aquisição recente é tabu, salvo apenas a única nota de contraste fornecida pela Ursa de Bambu e pelo guardanapo de linho, ambos imaculadamente brancos e novos. Por mais desbotado que pareça o quarto de chá e o equipamento de chá, tudo está absolutamente limpo. Nem uma partícula de poeira será encontrada no canto mais escuro, pois se existe alguma, o anfitrião não é um mestre de chá. Um dos primeiros requisitos de um mestre de chá é o conhecimento de como varrer, limpar e lavar, pois há uma arte em limpar e limpar o pó. Uma peça de metal antigo não deve ser atacada com o zelo inescrupuloso da dona-de-casa holandesa. Não é necessário limpar a água de uma jarra de flores, pois pode ser sugestivo de orvalho e frescura.

Neste contexto, há uma história de Rikiu que ilustra bem as ideias de limpeza entretidas pelos mestres do chá. Rikiu observava o seu filho Shoan enquanto ele varria e regava o caminho do jardim.

"Não suficientemente limpo", disse Rikiu, quando Shoan tinha terminado a sua tarefa, e pediu-lhe que tentasse novamente. Depois de uma hora cansado, o filho virou-se para Rikiu: "Pai, não há mais nada a fazer". Os degraus foram lavados pela terceira vez, as lanternas de pedra e as árvores estão bem regadas com água, musgo e líquenes brilham com uma verdura fresca; nem um galho, nem uma folha deixei no chão". "Jovem tolo", repreendeu o mestre do chá, "não é assim que um caminho de jardim deve ser varrido". Dizendo isto, Rikiu entrou no jardim, sacudiu uma árvore e espalhou sobre o jardim folhas douradas e carmesim, restos do brocado do outono! O que Rikiu exigiu não foi apenas a limpeza, mas também o belo e o natural.

O nome, Morada de Fantasia, implica uma estrutura criada para responder a alguma exigência artística individual. A sala de chá é feita para o mestre do chá, não o mestre do chá para a sala de chá. Não se destina à posteridade e, portanto, é efémero. A ideia de que cada um deve ter uma casa própria baseia-se num costume antigo da raça japonesa, a superstição xintoísta que ordena que cada habitação seja evacuada com a morte do seu principal ocupante. Talvez tenha havido alguma razão sanitária não concretizada para esta prática. Outro costume primitivo era o de que uma casa recém-construída deveria ser providenciada para cada casal que se casasse. É por causa desses costumes que encontramos as capitais Imperiais tão frequentemente removidas de um local para outro nos tempos antigos. A reconstrução, de vinte em vinte anos, do Templo de Ise, o santuário supremo da Deusa do Sol, é um exemplo de um desses ritos antigos que ainda hoje se obtêm. A observância destes costumes só era possível com alguma forma de construção, como aquela mobilada pelo nosso sistema de arquitetura de madeira, facilmente puxada para baixo, facilmente construída. Um estilo mais duradouro, utilizando tijolo e pedra, teria tornado impraticáveis as migrações, como de fato se tornaram quando a construção mais estável e maciça de madeira da China foi adotada por nós após o período Nara.

Com o predomínio do individualismo Zen no século XV, porém, a velha ideia ficou imbuída de um significado mais profundo, tal como concebido em ligação com a sala de chá. O Zenismo, com a teoria budista da evanescência e as suas exigências de domínio do espírito sobre a matéria, reconheceu a casa apenas como um refúgio temporário para o corpo. O corpo em si era apenas como uma cabana no deserto, um abrigo frágil feito por atar as gramíneas que cresciam à volta, - quando estas deixaram de estar atadas, voltaram a ser resolvidas nos resíduos originais. Na sala de chá sugere-se a fugitividade no telhado de colmo, fragilidade nos pilares finos, leveza no suporte de bambu, aparente descuido no uso de materiais comuns. O eterno só se encontra no espírito que, encarnado nestes ambientes simples, os embeleza com a luz sutil do seu refinamento.

Que a sala de chá deve ser construída de acordo com algum gosto individual é uma aplicação do princípio da vitalidade na arte. A arte, para ser plenamente apreciada, deve ser fiel à vida contemporânea. Não é que devamos ignorar as afirmações da posteridade, mas sim que devemos procurar desfrutar mais do presente. Não é que devamos ignorar as criações do passado, mas sim que devemos tentar assimilá-las na nossa consciência. A conformidade com as tradições e as fórmulas selvagens permite a expressão da individualidade na arquitetura. Não podemos deixar de chorar sobre as imitações sem sentido dos edifícios europeus que se vêem no Japão moderno. Admiramos porque é que, entre as nações ocidentais mais progressistas, a arquitetura deve ser tão desprovida de originalidade, tão repleta de repetições de estilos obsoletos. Talvez estejamos a passar por uma era de democratização da arte, enquanto aguardamos a ascensão de algum mestre principesco que irá estabelecer uma nova dinastia. Oxalá amássemos mais os antigos e os copiássemos menos! Tem-se dito que os gregos eram grandes porque nunca tiraram da antiguidade.

O termo Morada de vacância, além de transmitir a teoria taoista do todo-contido, envolve a concepção de uma necessidade contínua de mudança dos motivos decorativos. A sala de chá está absolutamente vazia, exceto pelo que pode ser colocado lá temporariamente para satisfazer algum humor estético. Para a ocasião é trazido algum objeto de arte especial, e tudo o resto é selecionado e arranjado para realçar a beleza do tema principal. Não se pode ouvir diferentes peças de música ao mesmo tempo, uma compreensão real do belo só é possível através da concentração em algum motivo central. Assim se verá que o sistema de decoração das nossas salas de chá se opõe ao que se obtém no Ocidente, onde o interior de uma casa é muitas vezes convertido em museu. Para um japonês, habituado à simplicidade da ornamentação e à mudança frequente do método decorativo, um interior ocidental permanentemente preenchido com uma vasta gama de quadros, estatuária e bricabraque dá a impressão de mera exibição vulgar de riquezas. Exige uma grande riqueza de apreciação para desfrutar da visão constante até mesmo de uma obra-prima, e sem limites deve ser a capacidade de sentimento artístico naqueles que podem existir dia após dia no meio de tanta confusão de cor e forma como se vê frequentemente nas casas da Europa e da América.

A "Morada dos Assimétricos" sugere outra fase do nosso esquema decorativo. A ausência de simetria nos objetos de arte japoneses tem sido frequentemente comentada por críticos ocidentais. Isto, também, é o resultado de um trabalho através do zenismo dos ideais taoistas. O confucionismo, com a sua profunda ideia de dualismo, e o budismo do Norte, com a sua adoração de uma trindade, não se opunham de forma alguma à expressão da simetria. De fato, se estudarmos os antigos bronzes da China ou as artes religiosas da dinastia Tang e do período Nara, reconheceremos um esforço constante de simetria. A decoração dos nossos interiores clássicos era decididamente regular no seu arranjo. A concepção taoista e zen da perfeição, no entanto, era diferente. A natureza dinâmica da sua filosofia colocou mais ênfase no processo através do qual a perfeição era procurada do que na própria perfeição. A verdadeira beleza só podia ser descoberta por alguém que completasse mentalmente o incompleto. A virilidade da vida e da arte residia nas suas possibilidades de crescimento. Na sala de chá é deixado para cada convidado na imaginação para completar o efeito total em relação a si mesmo. Desde que o Zenismo se tornou o modo de pensamento predominante, a arte do Oriente extremo tem propositadamente evitado o simétrico como expressando não apenas a conclusão, mas a repetição. A uniformidade do design foi considerada fatal para a frescura da imaginação. Assim, paisagens, pássaros e flores tornaram-se os temas preferidos para a representação e não para a figura humana, estando esta última presente na pessoa do próprio espectador. Estamos muitas vezes demasiado em evidência e, apesar da nossa vaidade, até mesmo a auto-estima é capaz de se tornar monótona.

Na sala de chá, o medo da repetição é uma presença constante. Os vários objetos para a decoração de uma sala devem ser tão selecionados que nenhuma cor ou desenho deve ser repetido. Se você tem uma flor viva, uma pintura de flores não é permitida. Se estiver a utilizar uma chaleira redonda, o jarro de água deve ser angular. Uma xícara com um vidrado preto não deve ser associada a uma xícara de chá de laca preta. Ao colocar um jarro de incenso no tokonoma, deve ter-se o cuidado de não o colocar no centro preciso, para que não se divida o espaço em metades iguais. O pilar do tokonoma deve ser de um tipo de madeira diferente dos outros pilares, a fim de quebrar qualquer sugestão de monotonia na sala.

Também aqui o método japonês de decoração de interiores difere do do Ocidente, onde vemos objetos dispostos simetricamente sobre as dependências da lareira e em outros lugares. Nas casas ocidentais somos muitas vezes confrontados com aquilo que nos parece uma reiteração inútil. Encontramo-nos a tentar falar com um homem enquanto o seu retrato a todo o comprimento nos olha de costas. Perguntamo-nos o que é real, ele do quadro ou aquele que fala, e sentimos uma curiosa convicção de que um deles deve ser uma fraude. Muitas vezes, sentamo-nos num salão de festas a contemplar, com um choque secreto para a nossa digestão, a representação da abundância nas paredes da sala de jantar. Porquê estas vítimas retratadas da perseguição e do desporto, as esculturas elaboradas de peixe e fruta? Porquê a exposição de pratos familiares, lembrando-nos daqueles que jantaram e estão mortos?

A simplicidade da sala de chá e a sua ausência de vulgaridade fazem dela um verdadeiro santuário das vexações do mundo exterior. Ali e só ali se pode consagrar à adoração imperturbável do belo. No século XVI, a sala de chá proporcionou uma pausa bemvinda do trabalho aos ferozes guerreiros e estadistas empenhados na unificação e reconstrução do Japão. No século XVII, após o estrito formalismo do domínio Tokugawa ter sido desenvolvido, ofereceu a única oportunidade possível para a livre comunhão dos espíritos artísticos. Antes de uma grande obra de arte, não havia distinção entre daimyo, samurai e plebeus. Hoje em dia o industrialismo está a tornar o verdadeiro refinamento cada vez mais difícil em todo o mundo. Será que não precisamos mais do que nunca da sala de chá?

CAPÍTULO V
APRECIAÇÃO DA ARTE

Já ouviu a história taoista da Domesticação da Harpa?

Uma vez na Idade Média, na Ravina de Lungmen, havia uma árvore Kiri, um verdadeiro rei da floresta. Levantou a cabeça para falar com as estrelas; as suas raízes penetraram profundamente na terra, misturando as suas bobinas bronzeadas com as do dragão prateado que dormia por baixo. E aconteceu que um poderoso feiticeiro fez desta árvore uma harpa maravilhosa, cujo espírito teimoso deveria ser domado, mas pelo maior dos músicos. Durante muito tempo o instrumento foi estimado pelo Imperador da China, mas tudo em vão foram os esforços daqueles que, por sua vez, tentaram tirar a melodia das suas cordas. Em resposta aos seus maiores esforços, vieram da harpa, mas notas duras de desdém, de mal-acordo com as canções que desmaiavam. A harpa recusou-se a reconhecer um mestre.

Finalmente veio Peiwoh, o príncipe dos harpistas. Com mão terna acariciou a harpa como se tentasse acalmar um cavalo indisciplinado, e tocou suavemente os acordes. Cantava da natureza e das estações, das altas montanhas e das águas correntes, e todas as recordações da árvore despertavam! Mais uma vez o doce sopro da Primavera tocou no meio dos seus ramos. As jovens cataratas, enquanto dançavam pela ravina abaixo, riam-se das flores que brotavam. Anon ouviram as vozes sonhadoras do Verão com os seus inúmeros insetos, as suaves chuvas, o lamento dos gatos. Ouçam! um tigre ruge, - o vale responde de novo. É Outono; na noite do deserto, afiada como uma espada brilha a lua sobre a erva gelada. Agora reina o Inverno e, através do ar cheio de neve, os bandos de cisnes e granizo batem nos ramos com grande prazer.

Então Peiwoh mudou a chave e cantou de amor. A floresta balançou como um cisne fervoroso perdido no pensamento. No alto, como uma donzela altiva, varreu uma nuvem brilhante e justa; mas, passando, seguiu longas sombras no chão, negra como o desespero. De novo o modo foi mudado; Peiwoh cantou de guerra, de aço em confronto e corcéis de atropelamento. E na harpa surgiu a tempestade de Lungmen, o dragão cavalgou o relâmpago, a trovejante avalanche caiu sobre as colinas. Em êxtase, o monarca celestial perguntou a Peiwoh onde estava o segredo da sua vitória. "Senhor", respondeu ele, "outros falharam porque cantaram apenas de si mesmos". Deixei a harpa para escolher o seu tema, e não sabia verdadeiramente se a harpa tinha sido Peiwoh ou se Peiwoh era a harpa".

Esta história ilustra bem o mistério da apreciação da arte. A obra-prima é uma sinfonia tocada sobre os nossos melhores sentimentos. A verdadeira arte é Peiwoh, e nós a harpa de Lungmen. Ao toque mágico da beleza, os acordes secretos do nosso ser são despertados, vibramos e vibramos em resposta ao seu chamamento. A mente fala com a mente. Ouvimos o não dito, olhamos para o não visto. O mestre chama notas que desconhecemos. As memórias há muito esquecidas voltam todas para nós com um novo significado. Esperanças abafadas pelo medo, anseios que não nos atrevemos a reconhecer, apresentam-se em nova glória. A nossa mente é a tela sobre a qual os artistas colocam a sua cor; os seus pigmentos são as nossas emoções; o seu claro-escuro a luz da alegria, a sombra da tristeza. A obra-prima é de nós próprios, tal como nós somos da obra-prima.

A simpática comunhão de mentes necessária à apreciação da arte deve basear-se na concessão mútua. O espectador deve cultivar a atitude adequada para receber a mensagem, pois o artista deve saber transmiti-la. O mestre do chá, Kobori-Enshiu, ele próprio um daimyo, deixou para nós estas palavras memoráveis: "Aproxima-te de um grande quadro como te aproximarias de um grande príncipe." Para compreender uma obra-prima, é preciso que se coloque em baixo perante ela e aguarde com a respiração suspensa a sua menos pronunciada expressão. Um eminente crítico Sung fez uma vez uma confissão encantadora. Disse ele: "Nos meus tempos jovens elogiei o mestre de quem gostava, mas à medida que o meu julgamento amadurecia elogiei-me por gostar do que os mestres tinham escolhido para me ter." É de lamentar que tão poucos de nós se esforcem realmente por estudar o estado de espírito dos mestres. Na nossa teimosa ignorância, recusamo-nos a fazer-lhes esta simples cortesia, perdendo assim muitas vezes o rico repasto de beleza espalhado diante dos nossos próprios olhos. Um mestre tem sempre algo a oferecer, enquanto nós passamos fome apenas por causa da nossa própria falta de apreço.

Para o simpático, uma obra-prima torna-se uma realidade viva para a qual nos sentimos atraídos por laços de camaradagem. Os mestres são imortais, pois os seus amores e medos vivem em nós uma e outra vez. É mais a alma do que a mão, o homem do que a técnica, que nos apela, - quanto mais humano é o apelo, mais profunda é a nossa resposta. É por causa deste entendimento secreto entre o mestre e nós próprios que, na poesia ou no romance, sofremos e nos regozijamos com o herói e a heroína. Chikamatsu, o nosso Shakespeare japonês, estabeleceu como um dos primeiros princípios de composição dramática a importância de levar a audiência à confiança do autor. Vários dos seus alunos submeteram peças para a sua aprovação, mas apenas uma das peças lhe agradou. Foi uma peça algo parecida com a Comédia dos Erros, em que os irmãos gêmeos sofrem por erro de identidade. "Esta", disse Chikamatsu, "tem o espírito próprio do drama, pois leva em consideração o público". O público pode conhecer mais do que os atores", disse Chikamatsu. Sabe onde está o erro e tem pena das pobres figuras do quadro que se precipitam inocentemente para o seu destino".

Os grandes mestres, tanto do Oriente como do Ocidente, nunca se esqueceram do valor da sugestão como meio de levar o espectador a depositar a sua confiança. Quem pode contemplar uma obra-prima sem se deixar impressionar pela imensa visão de pensamento que nos é apresentada? Quão familiares e simpáticos são todos eles; quão frios, em contraste, os lugares comuns modernos! No primeiro, sentimos o calor do coração de um homem; no segundo, apenas uma saudação formal. Absortos na sua técnica, os modernos raramente se elevam acima de si próprios. Como os músicos que em vão invocavam a harpa dos Lungmen, ele canta apenas de si mesmo. As suas obras podem estar mais próximas da ciência, mas estão mais longe da humanidade. Temos um velho ditado no Japão que diz que uma mulher não pode amar um homem que é verdadeiramente vaidoso, pois o seu coração não tem fendas para que o amor entre e se encha. Na vaidade da arte é igualmente fatal o sentimento de simpatia, quer por parte do artista, quer por parte do público.

Nada é mais santificante do que a união de espíritos afins na arte. No momento do encontro, o amante da arte transcende a si mesmo. De imediato, ele é e não é. Ele vislumbra o Infinito, mas as palavras não conseguem exprimir o seu encanto, pois o olho não tem língua. Liberto dos grilhões da matéria, o seu espírito move-se no ritmo das coisas. É assim que a arte se torna semelhante à religião e enobrece a humanidade. É isto que torna uma obra-prima algo sagrado. Antigamente, a veneração em que os japoneses tinham a obra do grande artista era intensa. Os mestres do chá guardavam os seus tesouros com segredo religioso, e muitas vezes era necessário abrir uma série de caixas, uma dentro da outra, antes de chegar ao próprio santuário - o envoltório de seda dentro de cujas dobras suaves jazia o santo dos santos. Raramente o objeto era exposto à vista, e depois apenas aos iniciados.

Na época em que o Teaism estava na ascendência, os generais de Taiko ficariam mais satisfeitos com o presente de uma rara obra de arte do que com uma grande concessão de território como recompensa da vitória. Muitos dos nossos dramas favoritos são baseados na perda e recuperação de uma obra-prima notável. Por exemplo, numa peça o palácio de Lord Hosokawa, no qual foi preservada a célebre pintura de Dharuma de Sesson, de repente leva fogo através da negligência do samurai responsável. Resolvido em todos os perigos para resgatar a preciosa pintura, ele corre para o edifício em chamas e apreende o kakemono, apenas para encontrar todos os meios de saída cortados pelas chamas. Pensando apenas no quadro, ele abre o corpo com a espada, envolve a manga rasgada sobre a Sesson e mergulha-a na ferida aberta. O fogo é finalmente extinto. Entre as brasas fumegantes encontra-se um cadáver semi-consumido, dentro do qual repousa o tesouro sem ser ferido pelo fogo. Por muito horríveis que sejam essas histórias, elas ilustram o grande valor que atribuímos a uma obra-prima, bem como a devoção de um samurai de confiança.

Não podemos esquecer, porém, que a arte só tem valor na medida em que nos fala. Poderia ser uma linguagem universal, se nós próprios fôssemos universais nas nossas simpatias. A nossa natureza finita, o poder da tradição e da convencionalidade, bem como os nossos instintos hereditários, restringem o âmbito da nossa capacidade de fruição artística. A nossa própria individualidade estabelece, num certo sentido, um limite à nossa compreensão; e a nossa personalidade estética procura as suas próprias afinidades nas criações do passado. É verdade que com o cultivo o nosso sentido de apreciação da arte se amplia, e tornamo-nos capazes de desfrutar de muitas expressões de beleza até agora não reconhecidas. Mas, afinal, vemos apenas a nossa própria imagem no universo, as nossas idiossincrasias particulares ditam o modo das nossas percepções. Os mestres do chá recolhem apenas objetos que se enquadram estritamente na medida da sua apreciação individual.

A este respeito, lembramo-nos de uma história sobre Kobori-Enshiu. Enshiu foi elogiado por seus discípulos pelo gosto admirável que ele tinha demonstrado na escolha de sua coleção. Eles disseram: "Cada peça é tal que ninguém poderia ajudar a admirar". Mostra que você tinha melhor gosto do que Rikiu, pois sua coleção só podia ser apreciada por um observador em mil". Sorrowfully Enshiu respondeu: "Isto só prova como eu sou vulgar. O grande Rikiu ousou amar apenas aqueles objetos que pessoalmente o atraíam, enquanto eu inconscientemente atendo ao gosto da maioria". Na verdade, Rikiu era um em mil entre os mestres do chá".

É de lamentar que tanto do aparente entusiasmo pela arte nos dias de hoje não tenha fundamento em sentimentos reais. Nesta nossa era democrática, os homens clamam por aquilo que é popularmente considerado o melhor, independentemente dos seus sentimentos. Eles querem o caro, não o refinado; o elegante, não o belo. Para as massas, a contemplação de periódicos ilustrados, produto digno do seu próprio industrialismo, daria mais comida digerível para o prazer artístico do que os primeiros italianos ou os mestres ashikaga, que fingem admirar. O nome do artista é para eles mais importante do que a qualidade da obra. Como um crítico chinês se queixou há muitos séculos, "as pessoas criticam um quadro pelo ouvido". É esta falta de apreciação genuína que é responsável pelos horrores pseudoclássicos que hoje nos cumprimentam para onde quer que nos voltemos.

Outro erro comum é o de confundir arte com arqueologia. A veneração nascida da antiguidade é um dos melhores traços do carácter humano, e desmaiamos se a quiséssemos cultivar em maior escala. Os antigos mestres devem ser honrados, e com razão, por abrirem o caminho para o esclarecimento futuro. O simples fato de eles terem passado incólumes através de séculos de críticas e descerem até nós ainda cobertos de glória, merece o nosso respeito. Mas deveríamos, de fato, ser insensatos se valorizássemos a sua realização simplesmente pelo critério da idade. No entanto, permitimos que a nossa simpatia histórica se sobreponha à nossa discriminação estética. Oferecemos flores de aprovação quando o artista é deitado em segurança na sua sepultura. O século XIX, grávida da teoria da evolução, criou em nós, além disso, o hábito de perder de vista o indivíduo na espécie. Um colecionador está ansioso por adquirir espécimes para ilustrar uma época ou uma escola, e esquece que uma única obra-prima pode nos ensinar mais do que qualquer número de produtos medíocres de uma determinada época ou escola. Classificamos demasiado e desfrutamos demasiado pouco. O sacrifício da estética ao chamado método científico de exposição tem sido a banalidade de muitos museus.

As reivindicações da arte contemporânea não podem ser ignoradas em nenhum esquema vital da vida. A arte de hoje é a que realmente nos pertence: é o nosso próprio reflexo. Ao condená-la, condenamo-nos a nós próprios. Dizemos que a época presente não possui arte: quem é o responsável por isso? É realmente uma pena que, apesar de todas as nossas rapsódias sobre os antigos, prestemos tão pouca atenção às nossas próprias possibilidades. Artistas lutadores, almas cansadas que permanecem na sombra do desprezo frio! No nosso século egocêntrico, que inspiração é que lhes oferecemos? O passado pode muito bem olhar com pena para a pobreza da nossa civilização; o futuro vai rir-se da esterilidade da nossa arte. Estamos a destruir o belo da vida. Será que algum grande feiticeiro poderia, a partir do caule da sociedade, moldar uma harpa poderosa cujas cordas ressoariam ao toque de um gênio?

CAPÍTULO VI

FLORES

No cinzento tremor de uma madrugada de Primavera, quando os pássaros sussurravam em cadência misteriosa entre as árvores, não sentiram que estavam a falar com os seus companheiros sobre as flores? Certamente com a humanidade, a apreciação das flores deve ter sido coevada com a poesia do amor. Onde melhor que numa flor, doce na sua inconsciência, perfumada pelo seu silêncio, podemos imaginar o desabrochar de uma alma virgem? O homem primitivo ao oferecer a primeira grinalda à sua donzela transcendeu assim o bruto. Ele tornou-se humano ao elevar-se assim acima das necessidades rudes da natureza. Ele entrou no reino da arte quando percebeu o uso sutil do inútil.

Na alegria ou na tristeza, as flores são os nossos amigos constantes. Nós comemos, bebemos, cantamos, dançamos e namoriscamos com elas. Casamo-nos e batizamo-nos com flores. Não nos atrevemos a morrer sem elas. Adoramos com o lírio, meditamos com o lótus, carregamos em batalha com a rosa e o crisântemo. Tentamos até falar na língua das flores. Como poderíamos viver sem elas? Assusta-nos conceber um mundo desprovido da sua presença. Que consolo não trazem para o leito dos doentes, que luz de êxtase para as trevas dos espíritos cansados? A sua ternura serena devolve-nos a nossa confiança no universo em declínio, mesmo quando o olhar intencional de uma bela criança nos recorda as nossas esperanças perdidas. Quando somos abatidos na poeira, são eles que permanecem na tristeza sobre as nossas sepulturas.

Por muito triste que seja, não podemos esconder o fato de que, apesar da nossa companhia com flores, não nos elevamos muito acima do bruto. Arranhar a pele de ovelha e o lobo dentro de nós mostrará em breve os seus dentes. Já foi dito que um homem aos dez anos é um animal, aos vinte um lunático, aos trinta um falhado, aos quarenta uma fraude, e aos cinquenta um criminoso. Talvez ele se torne um criminoso porque nunca deixou de ser um animal. Nada é real para nós a não ser a fome, nada é sagrado, a não ser os nossos próprios desejos. Santuário após santuário desmoronou-se diante dos nossos olhos; mas um altar é para sempre preservado, aquele em que queimamos incenso ao ídolo supremo - a nós próprios. O nosso Deus é grande, e o dinheiro é o seu Profeta! Nós devastamos a natureza para lhe fazer sacrifícios. Orgulhamonos de ter conquistado a Matéria e esquecemos que foi a Matéria que nos escravizou. Que atrocidades não perpetramos em nome da cultura e do refinamento!

Digam-me, gentis flores, lágrimas das estrelas, de pé no jardim, acenando com a cabeça para as abelhas enquanto elas cantam o orvalho e os raios de sol, estão conscientes da terrível desgraça que vos espera? Sonhai, balançai e brincai enquanto podeis nas brisas suaves do Verão. Amanhã, uma mão impiedosa se fechará em torno das tuas gargantas. Serás enrugado, rasgado membro a membro, e levado para longe das tuas calmas casas. A desgraçada, ela pode estar passando bem. Ela pode dizer como vocês são encantadores enquanto os seus dedos ainda estão úmidos com o vosso sangue. Digam-me, isto será gentileza? Pode ser o teu destino ficares preso no cabelo de alguém que sabes que não tens coração ou ser empurrado para a botoeira de alguém que não se atreveria a olhar-te na cara se fosses um homem. Pode até ser a tua sorte ficares confinado num recipiente estreito com apenas água estagnada para saciar a sede enlouquecedora que te adverte do refluxo da vida.

Flores, se estivesses na terra do Mikado, talvez encontrasses algum tempo um personagem temível armado com uma tesoura e uma serra minúscula. Ele se chamaria a si mesmo um Mestre de Flores. Reclamava os direitos de um médico e tu instintivamente odiá-lo-ias, pois sabes que um médico procura sempre prolongar os problemas das suas vítimas. Ele cortava, dobrava e torcia-vos para aquelas posições impossíveis que ele pensa que é justo que assumais. Ele contorceria os seus músculos e deslocaria os seus ossos como qualquer osteopata. Ele queimar-te-ia com brasas vermelhas para estancar a tua hemorragia e enfiar-te-ia fios para ajudar a tua circulação. Ele fazia-te uma dieta com sal, vinagre, alúmen e, por vezes, vitríolo. Quando parecia estar pronto para desmaiar, despejava água a ferver nos seus pés. Seria o seu orgulho que pudesse manter a vida dentro de si durante duas ou mais semanas mais do que teria sido possível sem o seu tratamento. Não terias preferido ser morto de imediato quando foste capturado pela primeira vez? Quais foram os crimes que deves ter cometido durante a tua encarnação passada para justificar tal punição?

O desperdício de flores entre as comunidades ocidentais é ainda mais terrível do que a forma como são tratadas pelos Mestres das Flores orientais. O número de flores cortadas diariamente para enfeitar os salões de baile e os banquetes da Europa e da América, para serem deitadas fora no dia seguinte, deve ser algo enorme; se enfiadas juntas, podem conquistar um continente. Para além deste total descuido da vida, a culpa do Mestre das Flores torna-se insignificante. Ele, pelo menos, respeita a economia da natureza, escolhe as suas vítimas com prudência e, depois da morte, honra os seus restos mortais. No Ocidente, a exibição de flores parece fazer parte da pompa da riqueza, - a fantasia de um momento. Para onde vão todas elas, estas flores, quando a festança acaba? Nada é mais lamentável do que ver uma flor desbotada ser atirada sem remorsos sobre um monte de estrume.

Porque é que as flores nasceram tão bonitas e, no entanto, tão infelizes? Os insetos podem picar, e mesmo os mais mansos dos animais lutarão quando forem levados para a baía. Os pássaros cuja plumagem é procurada para enfeitar alguma touca podem voar do seu perseguidor, o animal peludo cujo pelo cobiças pelo teu próprio pelo pode esconder-se na tua aproximação. Ai de mim! A única flor conhecida por ter asas é a borboleta; todas as outras ficam indefesas perante o destruidor. Se gritarem na sua agonia de morte o seu grito nunca chega aos nossos ouvidos endurecidos. Somos sempre brutais para aqueles que nos amam e nos servem em silêncio, mas pode chegar o momento em que, pela nossa crueldade, seremos abandonados por esses nossos melhores amigos. Não repararam que as flores selvagens se tornam cada ano mais escassas? É possível que os seus sábios lhes tenham dito para partirem até o homem se tornar mais humano. Talvez tenham migrado para o céu.

Muito pode ser dito a favor daquele que cultiva plantas. O homem do vaso é muito mais humano do que o das tesouras. Vemos com prazer a sua preocupação com a água e o sol, as suas rixas com parasitas, o seu horror às geadas, a sua ansiedade quando os rebentos chegam lentamente, o seu arrebatamento quando as folhas atingem o seu brilho. No Oriente, a arte da floricultura é muito antiga, e os amores de um poeta e da sua planta favorita têm sido muitas vezes gravados em história e canto. Com o desenvolvimento da cerâmica durante as dinastias Tang e Sung, ouvimos falar de maravilhosos recipientes feitos para conter plantas, não vasos, mas palácios com jóias. Um atendente especial foi detalhado para esperar em cada flor e lavar suas folhas com pincéis macios feitos de pelo de coelho. Está escrito ["Pingtse", de Yuenchunlang] que a peônia deve ser banhada por uma bela donzela em traje completo, que uma ameixa de inverno deve ser regada por um monge pálido e esbelto. No Japão, um dos mais populares dos No-dances, o Hachinoki, composto durante o período Ashikaga, baseia-se na história de um cavaleiro empobrecido que, numa noite de frio, na falta de combustível para uma fogueira, corta as suas queridas plantas para entreter um frade errante. O frade, na realidade, não é outro senão Hojo-Tokiyori, o Haroun-Al-Raschid dos nossos contos, e o sacrifício não é sem a sua recompensa. Esta ópera nunca deixa de tirar lágrimas de um público Tokio, mesmo hoje.

Foram tomadas grandes precauções para a preservação de flores delicadas. O Imperador Huensung, da Dinastia Tang, pendurou pequenos sinos dourados nos ramos do seu jardim para manter os pássaros afastados. Foi ele quem saiu na Primavera com os seus músicos da corte para alegrar as flores com música suave. Uma curiosa tábua, que a tradição atribui a Yoshitsune, o herói das nossas lendas arturianas, ainda está presente num dos mosteiros japoneses [Sumadera, perto de Kobe]. É um aviso feito para a proteção de uma certa árvore de ameixa maravilhosa, e nos apela com o humor sombrio de uma época de guerra. Depois de se referir à beleza das flores, a inscrição diz: "Quem cortar um único ramo desta árvore, perderá um dedo por isso". Oxalá tais leis pudessem ser aplicadas hoje em dia contra aqueles que só querem destruir flores e mutilar objetos de arte!

No entanto, mesmo no caso das flores de vaso, estamos inclinados a suspeitar do egoísmo do homem. Porquê tirar as plantas de suas casas e pedir-lhes que floresçam em ambientes estranhos? Não será como pedir aos pássaros que cantem e acasalem em gaiolas? Quem sabe se as orquídeas se sentem sufocadas pelo calor artificial nos seus conservatórios e anseiam irremediavelmente por um vislumbre dos seus próprios céus do Sul?

O amante ideal das flores é aquele que as visita nas suas assombrações nativas, como Taoyuenming [todos célebres poetas e filósofos chineses], que se senta diante de uma cerca partida de bambu em conversa com o crisântemo selvagem, ou Linwosing, perdendo-se no meio de uma misteriosa fragrância enquanto vagueia no crepúsculo entre as ameixoeiras do Lago Ocidental. "Diz-se que Chowmushih dormiu num barco para que os seus sonhos pudessem misturar-se com os do lótus. Foi o mesmo espírito que moveu a imperatriz Komio, uma das nossas mais famosas sobera-nas Nara, enquanto cantava: "Se eu te arrancar, a minha mão vai sujar-te, ó flor! De pé nos prados como tu és, ofereço-te aos Budas do passado, do presente, do futuro".

No entanto, não sejamos demasiado sentimentais. Sejamos menos luxuosos, mas mais magníficos. Disse Laotse: "O céu e a terra são impiedosos." Disse Kobodaishi: "Flui, flui, flui, flui, a corrente da vida é sempre em frente". Morre, morre, morre, morre, a morte vem para todos". A destruição nos enfrenta para onde quer que nos voltemos. Destruição abaixo e acima, destruição atrás e antes. A mudança é a única Eterna, - por que não tão bem-vinda Morte como Vida? Eles são apenas contrapartes um do outro, - A Noite e o Dia de Brahma. Através da desintegração do antigo, a recriação torna-se possível. Nós adoramos a Morte, a deusa impla-cável da misericórdia, sob muitos nomes diferentes. Foi a sombra do Tudo-Deivor que o Ghebursburs saudou no fogo. É o purismo gelado da alma-espada perante a qual Shinto-Japão se prostra ainda hoje. O fogo místico consome as nossas fraquezas, a espada sagrada quebra a servidão do desejo. Das nossas cinzas brota a fênix da esperança celestial, da liberdade brota uma maior reali-zação da virilidade.

Porque não destruir as flores se assim podemos desenvolver novas formas enobrecendo a ideia do mundo? Só lhes pedimos que se juntem ao nosso sacrifício ao belo. Nós repararemos o feito, consagrando-nos à Pureza e à Simplicidade. Assim raciocin-naram os mestres do chá quando estabeleceram o Culto das Flo-res.

Qualquer pessoa que conheça os caminhos dos nossos mestres de chá e flores deve ter notado a veneração religiosa com a qual eles consideram as flores. Eles não abatem ao acaso, mas selecionam cuidadosamente cada ramo ou spray com um olho na composição artística que eles têm em mente. Teriam vergonha de cortar mais do que é absolutamente necessário. Pode observar-se a este respeito que associam sempre as folhas, se as houver, à flor, pois o objetivo é apresentar toda a beleza da vida vegetal. A este respeito, como em muitos outros, o seu método difere do método seguido nos países ocidentais. Aqui estamos aptos a ver apenas os caules das flores, cabeças por assim dizer, sem corpo, presas de forma promíscua num vaso.

Quando um mestre de chá arranja uma flor a seu gosto, coloca-a no tokonoma, o lugar de honra numa sala japonesa. Nada mais será colocado perto dela que possa interferir com o seu efeito, nem mesmo um quadro, a menos que haja alguma razão estética especial para a combinação. Descansa ali como um príncipe entronizado, e os convidados ou discípulos, ao entrarem na sala, irão saudá-lo com um arco profundo antes de fazerem as suas moradas ao anfitrião. Desenhos de obras-primas são feitos e publicados para a edificação de amadores. A quantidade de literatura sobre o tema é bastante volumosa. Quando a flor desbota, o mestre a envia ternamente para o rio ou enterra-a cuidadosamente no chão. Os monumentos são por vezes erguidos à sua memória.

O nascimento da Arte do Arranjo Floral parece ser simultâneo ao do Teaismo no século XV. As nossas lendas atribuem o primeiro arranjo de flores àqueles primeiros santos budistas que recolhiam as flores espalhadas pela tempestade e, na sua infinita solicitude por todos os seres vivos, colocavam-nas em vasos de água. Diz-se que Soami, o grande pintor e conhecedor da corte de Ashikaga-Yoshimasa, foi um dos primeiros adeptos da mesma. Juko, o mestre do chá, foi um dos seus alunos, assim como Senno, o fundador da casa de Ikenobo, uma família tão ilustre nos anais das flores como era a dos Kanos na pintura. Com o aperfeiçoamento do ritual do chá sob Rikiu, na última parte do século XVI, o arranjo floral também atinge o seu pleno crescimento. Rikiu e os seus sucessores, os célebres Oda-wuraka, Furuka-Oribe, Koyetsu, Kobori-Enshiu, Katagiri-Sekishiu, conjugaram-se na formação de novas combinações. Devemos lembrar, no entanto, que o culto floral dos mestres do chá constituía apenas uma parte do seu ritual estético, e não era uma religião distinta por si só. Um arranjo de flores, como as outras obras de arte na sala de chá, estava subordinado ao esquema total de decoração. Assim, Sekishiu ordenou que as flores de ameixa branca não deveriam ser utilizadas quando houvesse neve no jardim. Flores "ruidosas" foram implacavelmente banidas da sala de chá. Um arranjo floral por um mestre de chá perde o seu significado se removido do local para o qual foi originalmente destinado, pois as suas linhas e proporções foram especialmente trabalhadas tendo em vista o seu ambiente.

A adoração da flor por si mesma começa com a ascensão dos "mestres-flores", em meados do século XVII. Agora ela se torna independente da sala de chá e não conhece nenhuma lei a não ser a que o vaso lhe impõe. Novas concepções e métodos de execução tornam-se agora possíveis, e muitos foram os princípios e escolas que delas resultaram. Um escritor de meados do século passado disse que podia contar mais de cem escolas diferentes de arranjo floral. Em termos gerais, estas dividem-se em dois ramos principais, o Formalista e o Naturalesco. As escolas formalistas, lideradas pelos Ikenobos, visavam um idealismo clássico correspondente ao dos Kano-acadêmicos. Possuímos registros de arranjos dos primeiros mestres da escola que quase reproduzem as pinturas florais de Sansetsu e Tsunenobu. A escola naturalesca, por outro lado, aceitou a natureza como seu modelo, apenas impondo as modificações de forma que conduzem à expressão da unidade artística. Assim, reconhecemos nas suas obras os mesmos impulsos que formaram as escolas de pintura Ukiyoe e Shijo.

Seria interessante, se tivéssemos tempo, entrar mais do que é agora possível nas leis de composição e detalhe formuladas pelos vários mestres-flores deste período, mostrando, como o fariam, as teorias fundamentais que regeram a decoração Tokugawa. Encontramo-las referindo-se ao Princípio Principal (Céu), ao Princípio Subordinado (Terra), ao Princípio Reconciliador (Homem), e qualquer arranjo floral que não incorporasse estes princípios era considerado estéril e morto. Também se debruçaram muito sobre a importância de tratar uma flor nos seus três diferentes aspectos, o Formal, o Semi-Formal e o Informal. O primeiro pode ser dito como representando flores no traje majestoso do salão de baile, o segundo na elegância fácil do vestido da tarde, o terceiro no charmoso desabrochar do boudoir.

As nossas simpatias pessoais são com os arranjos florais do mestre do chá e não com os do mestre das flores. A primeira é a arte no seu devido enquadramento e apela-nos por causa da sua verdadeira intimidade com a vida. Gostaríamos de chamar a esta escola o Natural em contradição com as escolas Naturalescas e Formalistas. O mestre do chá considera que o seu dever terminou com a escolha das flores e deixa-as a contar a sua própria história. Ao entrar numa sala de chá no final do Inverno, poderá ver um esguio borrifo de cerejas silvestres em combinação com uma camélia em flor; é um eco da partida do Inverno aliado à profecia da Primavera. Mais uma vez, se entrarmos num chá do meio-dia num dia de Verão irritantemente quente, podemos descobrir no frio escuro do tokonoma um único lírio num vaso pendurado; pingando com o orvalho, parece sorrir para a tolice da vida.

Um solo de flores é interessante, mas num concerto com pintura e escultura a combinação torna-se entranhável. Sekishiu uma vez colocou algumas plantas aquáticas num recipiente plano para sugerir a vegetação de lagos e pântanos, e na parede por cima pendurou um quadro de patos selvagens a voar no ar, da autoria de Soami. Shoha, outro mestre de chá, combinou um poema sobre a Beleza da Solidão à beira-mar com um queimador de incenso de bronze em forma de cabana de pescador e algumas flores selvagens da praia. Um dos convidados registou que sentiu em toda a composição o sopro do outono minguante.

As histórias das flores são intermináveis. Vamos recontar apenas mais uma. No século XVI, a gloria da manhã era ainda uma planta rara entre nós. Rikiu tinha um jardim inteiro plantado com ela, que ele cultivava com assíduo cuidado. A fama do seu cálice chegou à orelha do Taiko, e ele manifestou o desejo de os ver, pelo que Rikiu o convidou para um chá matinal em sua casa. No dia marcado, Taiko caminhou pelo jardim, mas em nenhum lugar pôde ver qualquer vestígio do cálice. O chão tinha sido nivelado e espalhado com seixos finos e areia. O déspota entrou na sala de chá com uma raiva sombria, mas uma visão o esperou, o que lhe restaurou completamente o humor. Sobre o tokonoma, num raro bronze da obra de Sung, estava uma única glória da manhã - a rainha de todo o jardim!

Nesses casos, vemos todo o significado do Sacrifício da Flor. Talvez as flores apreciem todo o seu significado. Elas não são covardes, como os homens. Algumas flores glorificam na morte - sem dúvida que as flores de cerejeira japonesas o fazem, pois se entregam livremente aos ventos. Quem quer que tenha estado diante da avalanche perfumada de Yoshino ou Arashiyama, deve ter percebido isso. Por um momento pairam como nuvens de alegria e dançam sobre as correntes de cristal; depois, enquanto navegam sobre as águas do riso, parecem dizer: "Adeus, ó Primavera! Estamos na eternidade".

CAPÍTULO VII
MESTRES DO CHÁ

Na religião, o futuro está para trás. Na arte, o presente é o eterno. Os mestres do chá sustentavam que a verdadeira apreciação da arte só é possível para aqueles que fazem dela uma influência viva. Assim, eles procuraram regular sua vida diária pelo alto padrão de refinamento que obtiveram na sala de chá. Em todas as circunstâncias a serenidade da mente deve ser mantida, e a conversa deve ser conduzida como nunca para estragar a harmonia do ambiente. O corte e a cor do vestido, o equilíbrio do corpo e a forma de andar poderiam ser expressões de personalidade artística. Estas questões não deviam ser ignoradas de ânimo leve, pois até que se tenha tornado belo não se tem o direito de se aproximar da beleza. Assim, o mestre do chá esforçou-se por ser algo mais do que o artista, a própria arte. Era o Zen do esteticismo. A perfeição está em todo o lado, se apenas a quisermos reconhecer. Rikiu adorava citar um velho poema que dizia: "Àqueles que anseiam apenas por flores, desmaiaria se eu mostrasse a primavera cheia de flores que habita nos rebentos de labirintos das colinas cobertas de neve".

Manifestamente, as contribuições dos mestres do chá para a arte têm sido variadas. Eles revolucionaram completamente a arquitetura clássica e as decorações interiores, e estabeleceram o novo estilo que descrevemos no capítulo da sala de chá, um estilo a cuja influência até os palácios e mosteiros construídos após o século XVI foram todos sujeitos. O multifacetado Kobori-Enshiu deixou notáveis exemplos da sua genialidade na vila imperial de Katsura, nos castelos de Nagoya e Nijo, e no mosteiro de Kohoan. Todos os célebres jardins do Japão foram dispostos pelos mestres do chá. A nossa cerâmica provavelmente nunca teria atingido a sua alta qualidade de excelência se os fabricantes de chá não a tivessem emprestado à sua inspiração, o fabrico dos utensílios utilizados na cerimônia do chá, que exige o máximo dispêndio de engenhosidade nas partes dos nossos ceramistas. Os Sete Fornos de Enshiu são bem conhecidos de todos os estudantes de cerâmica japonesa. Muitos dos nossos tecidos têm os nomes de mestres de chá que conceberam a sua cor ou desenho. É impossível, de fato, encontrar qualquer departamento de arte em que os mestres do chá não tenham deixado marcas da sua genialidade. Na pintura e na laca parece quase supérfluo mencionar os imensos serviços que prestaram. Uma das maiores escolas de pintura deve a sua origem ao mestre Honnami-Koyetsu, famoso também por ser um artista de verniz e oleiro. Para além das suas obras, a esplêndida criação do seu neto, Koho, e dos seus netos, Korin e Kenzan, quase cai na sombra. Toda a escola de Korin, como é geralmente designada, é uma expressão do Teaismo. Nas linhas gerais desta escola, parece que encontramos a vitalidade da própria natureza.

Grande como tem sido a influência dos mestres do chá no campo da arte, é como nada comparado com o que eles têm exercido na conduta da vida. Não só nos usos da sociedade educada, mas também na disposição de todos os nossos detalhes domésticos, sentimos a presença dos mestres do chá. Muitos dos nossos pratos delicados, bem como a nossa forma de servir comida, são as suas invenções. Eles nos ensinaram a nos vestir apenas com roupas de cores sóbrias. Eles nos instruíram no espírito adequado para nos aproximarmos das flores. Deram ênfase ao nosso amor natural pela simplicidade, e mostraram-nos a beleza da humildade. Na verdade, através dos seus ensinamentos, o chá entrou na vida do povo.

Aqueles de nós que não conhecem o segredo de regular devidamente a nossa própria existência neste mar tumultuoso de problemas tolos a que chamamos vida, estão constantemente em estado de miséria, enquanto tentam em vão parecer felizes e contentes. Cambaleamos na tentativa de manter o nosso equilíbrio moral, e vemos precursores da tempestade em cada nuvem que flutua no horizonte. No entanto, há alegria e beleza no rolo de bailes que se estendem para fora, em direção à eternidade. Porque não entrar no seu espírito, ou, como Liehtse, cavalgar sobre o próprio furacão?

Só aquele que viveu com o belo pode morrer maravilhosamente. Os últimos momentos dos grandes mestres do chá foram tão cheios de requinte como as suas vidas. Procurando estar sempre em harmonia com o grande ritmo do universo, eles estavam sempre preparados para entrar no desconhecido. O "Último Chá de Rikiu" vai se destacar para sempre como o acme da grandeza trágica.

Durante muito tempo foi a amizade entre Rikiu e o Taiko-Hideyoshi, e alta a estimativa em que o grande guerreiro segurava o mestre do chá. Mas a amizade de um déspota é sempre uma honra perigosa. Era uma idade cheia de traição, e os homens nem sequer confiavam nos seus parentes mais próximos. Rikiu não era um cortesão servil, e muitas vezes ousara discordar na discussão com o seu feroz patrono. Aproveitando-se da frieza que já existia há algum tempo entre o Taiko e Rikiu, os inimigos deste último acusaram-no de estar implicado numa conspiração para envenenar o déspota. Foi sussurrado a Hideyoshi que a poção fatal lhe devia ser administrada com uma chávena da bebida verde preparada pelo mestre do chá. Com Hideyoshi a suspeita foi motivo suficiente para execução imediata, e não houve apelação da vontade do governante enfurecido. Um privilégio só foi concedido aos condenados - a honra de morrer pelas suas próprias mãos.

No dia destinado à sua auto-imolação, Rikiu convidou os seus principais discípulos para uma última cerimônia de chá. Lamentavelmente, na hora marcada, os convidados se encontraram no pórtico. Quando olham para o caminho do jardim, as árvores parecem estremecer, e no murmúrio das suas folhas ouvem-se os sussurros de fantasmas dos sem-abrigo. Como sentinelas solenes diante dos portões do Hades estão as lanternas de pedra cinzenta. Uma onda de incenso raro é trazida da sala de chá; é a convocação que convida os convidados a entrar. Um a um eles avançam e ocupam os seus lugares. No tokonoma pende um kakemon,- uma escrita maravilhosa de um monge antigo que lida com a evanescência de todas as coisas terrenas. A chaleira cantora, ao ferver sobre o braseiro, soa como uma cigarra a derramar os seus pesares até à partida do Verão. Logo o anfitrião entra na sala. Cada um por sua vez é servido com chá, e cada um por sua vez drena silenciosamente a sua xícara, sendo o anfitrião o último de todos. De acordo com a etiqueta estabelecida, o convidado principal pede agora permissão para examinar o equipamento de chá. Rikiu coloca os vários artigos à sua frente, com o kakemono. Depois de todos terem manifestado admiração pela sua beleza, Rikiu apresenta um deles a cada uma das empresas montadas como uma lembrança. Só ele guarda a tigela. "Nunca mais esta taça, poluída pelos lábios da desgraça, poderá ser usada pelo homem". Ele fala, e parte a taça em fragmentos.

A cerimônia terminou; os convidados com dificuldade para conter as lágrimas, despedem-se e deixam a sala. Apenas um, o mais próximo e querido, é convidado a permanecer e testemunhar o fim. Rikiu retira então o seu vestido de chá e dobra-o cuidadosamente sobre o tapete, revelando assim o imaculado manto branco da morte que até então tinha escondido. Ele olha ternamente para a lâmina brilhante da adaga fatal e, em verso requintado, aborda-a assim:

> "Bem-vindo a ti,
>
> Ó espada da eternidade!

Através de Buda

E através de

Dharuma

Fendeste o teu caminho".

Com um sorriso no rosto, Rikiu passou para o desconhecido.

fim